VISTA
PUBLISHING

VISTA
PUBLISHING

VISTA
PUBLISHING

VISTA
PUBLISHING

東京文藝散策

增訂版

Tokyo

劉檸——著

給小蠻

序

落花時節讀華章

櫻花又落了。

魯迅也見過的上野櫻花「確也像緋紅的輕雲」，而今花下更不缺走向了世界的中國人。有成群結隊的遊客，他們看花也看人；有留學生聚在「噴雲吹霧花無數」的櫻樹下喝酒，頗有點「痛飲黃龍府」的氣勢，但因為早沒了辮子油光可鑑，即便把脖子扭幾扭也安能辨我是老外了。

「東京也無非是這樣」，我一直不明白魯迅說此話的來由，而劉檸是喜愛東京的。他說：「對我而言，東京則是名副其實的第二故鄉——是我在北京之外，唯一居住、生活逾三年的城市。」有了這句話，不消說，他就得寫出東京的好來。他甚至說「本世紀初，哺育了周氏兄弟的神保町書店街，今兒哺育著毛毛」，說得也並非不知深淺。若沒有從神保町等處大大小小書店購讀的那些書，被書們哺育，恐怕他不會寫、也寫不來這一本《東京文藝散策》。

大概這個世界上我們中國人最恣意敲打的，非日本莫屬。因為有傳給它漢字文化的恩德，有被它侵略過的冤屈，還有自以為打敗它的驕傲，況且它那麼小，有什麼呀。不管出於什麼樣的情懷或情結，而今寫日本可謂多矣，既有作家論客學者洋洋灑灑地著書立說，又有哈日反日以及貌似廣場舞大媽的各色人等在網上暢所欲言，但我偏愛讀這個暱稱毛毛的劉檸。說老實話，本人有點古，不喜歡當下人們自以為有趣的怪詞流行語，可他很愛用，我卻不反感，因為他自有一份真誠在其中。囑我作序，畏之如虎也不能峻拒或婉拒，只好樹起「一升瓶」清酒，先浮幾大白，這才有了點「筆禿幸趁酒熟時」的意思（龔自珍《己亥雜詩》之一：閉門三日了何事，題圖祝壽諛人詩；雙文單筆記序偈，筆禿幸趁酒熟時）。況且「屢讀屢叫絕，輒打案浮一大白」，也得備好酒。

劉檸不止於讀書，還走路。在我的印象裡，旅遊是遠行，去哪裡看看什麼，很有點隆重，而散步多是在近處走走，優哉游哉，卻更帶有思考的形象。劉檸是思考者。即便在文藝中散步，思考也油然超出文藝的範疇。每次見到他，我都不禁想起黃遵憲的詩句。那是一八七七年，距一八九四年甲午戰爭爆發，日本還有十多年的近代化時間，黃遵憲隨所謂兩千年友好以來頭一遭駐日的使團渡海，數日後寫下「此土此民成此國，有人盡日倚欄思」，所思當然是吾土吾民及吾國。百餘年過去，又有劉檸倚欄思，或許是「東方的悲哀」吧。

所謂「散步」，文學的或文藝的，日本這類散文很發達。早在一九五一年野田宇太郎就開始在廢墟的東京散起步來，探訪作家的足跡、作品的舞台，題為「新東京文學散步」。起初叫「文學性散步」，似乎太硬性，乾脆就叫做「文學散步」。有人不願用「舊日軍」的說法，因為戰敗後日本只有自衛隊，沒有軍隊，沒有現任總理大臣安倍晉三公言的「我軍」，所以無所謂新舊。野田的文學散步有別於永井荷風的「東京散策」。永井趿拉著木屐在東京四下裡尋找的是惜乎逝去的江戶，而野田要發現「新東京」，發現希望。他記述與東京有關的文學遺跡，但筆下的東京面貌是現實的。《新東京文學散步》（續寫東京，結集為《東京文學散步》）暢銷，於是他繼續走下去，走遍日本，一九七七年出齊的《野田宇太郎文學散步》有二十六卷之多。

文學有跡可尋，或許日本文學是世界上最可以畫出地圖來的文學。這可能與日本文學最為獨特的「描寫真實」的私小說有關。倘若只敢把場景設定在臨江市靠山屯之類，以免對號入座，讀了也無從尋訪。劉檸去首都圈（東京及其周邊）尋訪了，背著雙肩包，和一肚子學識，尋訪文學，尋訪文藝。永井荷風的東京，以及新井一二三的中央線，福田和也的各種黃昏，早已是他們感情記憶中的往昔風景，我們看不到，似乎也無須再替他們演義。劉檸說：「時光倏忽，一晃小二十年過去了。過去因工作的關係，隔三差五飛來飛去，直飛到令人反胃的外埠城市，如今都成了漸行漸遠、溫暖醇美的回憶。正如我已不復是昨日之我，那些城市的變貌也早已溢出了我的想像。好也好，壞也好，這就是現實，只能接受。」那麼，他的散步要「散」出些什麼來呢？一個中國人，不遠萬里到外國散步，自然是睜著一雙比較的眼睛，外界的日本與內心的祖國在眼中交映，有重影，有錯位，字裡行間透露著他的思考，明白人自能會心一笑。從思考與批評來說，或許這本書更類似歷史小說家司馬遼太郎的《街道行》。

《街道行》與其說是紀行，不如說是「散步」，司馬藉考察日本及其它國家的歷史、風俗暢談他獨到的文明觀。自一九七一年起筆，至一九九六年去世為止，整整在《週刊朝日》上連載二十五年，結集四十三冊。日本人的持之以恆常令我感嘆不已。這種恆，不單是作家的毅力，也是出版的操守。似乎我們的出版更慣於游擊戰，打一槍換一個地方，文化的積累就顯得駁雜，沒人家精細。劉檸也寫到日本出版（出版社、書店）。特別是近代以降，文學與出版密不可分，文學就是書。他寫道：「對日本社會來說，支撐東洋文化軟實力的支柱，既不是東大、慶應、早稻田，也不是東映、松竹、寶塚，而是神保町。這塊以東西向的靖國通和南北向的白山通為『龍骨』的『飛地』，麇集了約一百七、八十家舊書店和三、四十家新書店及眾多的出版社、中盤商、製本屋、文具店，藏書量不下於一千萬冊，儼然一個印刷活字城。」他喜愛神保町，不僅「泡透了」，而且「穿越」到魯迅、周作人，神保町也為中國文化的近代化做出過貢獻。當今出版遭網路新媒體擠壓，可說是科學進步、社會發展所致，而且出版本身也在給網路充當「二鬼子」，例如把作品上網不另付稿酬。而網路一旦千金買馬骨，作者們紛紛拋棄小心眼的傳統出版也說不定。最終當然如劉檸所樂觀的，「閱讀本身永遠不會消亡」，讀者無非改變一下閱讀方式罷了。

一寫到淘書，劉檸的眉飛色舞就躍然紙上。我沒有藏書的雅興和恆心，逛書店跟逛花園差不多，買書的價值判斷全在於想不想讀和有沒有用，雖然也欣賞藏書家的書房，像極了精美的私人花園。所以，從未感受過劉檸那種錯失一本書而化作冰雕的遺憾，或者淘到書之後喝酒去的心滿意足。他酷愛日本啤酒。寫道：「從靖國通到水道橋，是一個上行坡道，所訪書肆既多，肩扛手拎，是真正的『北上』。春秋還好，冬夏的話，則異常艱辛。每每好不容易挨到水道橋車站西口時，我都會有虛脫感。此時的唯一選擇，便是踅進車站後面的小巷中，到那間狹長的、燈光昏暗、牆上貼滿了明治、大正年間老海報的 Rétro（法語，復古的，懷舊的）調居酒屋喝上一杯。端一扎連玻璃容器都被冰鎮得掛著白霜的生啤酒，邊低頭在膝頭摩挲剛買來的舊書的感覺，幾乎是感官性的。」每次遠遠看見他負重走過來的模樣我都忍俊不禁，和他歡聚的老地方是同胞開的酒館，可以放聲說中國話，可以喝他帶來的烈酒，聽他講見聞，令我們這些久居日本的人也耳目一新。真心希望他堅持散步，往深裡說，這是邁開雙腳的文學研究，而對於我們一般讀者來說，他寫出的是富有知識性的散文，況且總是跟讀者站在一邊。對東京叫好，並大談它為什麼好，那是寫論文；不叫好，卻讓讀者不由地叫好，才是好散文。

和劉檸有賞花之約，惜乎今年又錯過時節，花開了，又落了。花期短，太容易錯過。一位日本朋友年年歲歲忙工作，顧不上出門看花，歲歲年年想起來就罵一聲「早洩」。不過，「東京也無非是這樣。上野的櫻花爛漫的時節，望去確也像緋紅的輕雲」——每當看見上野等處的櫻花開得風起雲湧，我總會想起魯迅的話，也想起「人民戰爭的汪洋大海」。這是我被打上的時代烙印。即便其他人，領導新時代的也罷，嘲諷任何時代的也罷，身上的時代烙印是去不掉的。劉檸與我不同代，我已落後於他。這部書稿裡的文章以前零散讀過些，現在他整理成集，並賜我以重讀的機會，聊補以前未見全豹之憾。但我真不會作序，佛頭著糞是不可避免的了。趕上了落花時節，伏案又想起一句「落花時節讀華章」，以此為題，恐怕劉檸就只有苦笑了。好在鳥兒落在佛頭上，著糞，佛依然微笑著。我想，劉檸即使不「點上一枝菸」，也要「再繼續寫些為『正人君子』之流所深惡痛疾的文字」。以前為劉檸的大作《穿越想像的異邦——布衣日本散論》寫過幾句話，這是我對他的「定評」，曰：

不是小說家的浪漫遊記，不是近乎鑽牛角尖的學者論文，其特色有三：布衣的立場，散文的廣度，穿越了想像的真知灼見。沒有國人談日本所慣見的幸災樂禍、嘻皮笑臉，對世態人情的關注是熱誠的，對政經及政策的批評充滿了善意。他，自稱一布衣，走筆非遊戲；不忘所來路，更為友邦計；立言有根本，眼界寬無際；穿越想像處，四海皆兄弟。

李長聲

二〇一五年落花時節

於浦安

目次
CONTENTS

目次
CONTENTS

Tokyo

輯一

「散」「文」之都

1 「散都」東京

闊別四年半赴日。日本時間晚九時許，出了羽田機場，乘上京急空港線趕往東京市內的瞬間，我便融入了東京——這座超大、超魔幻的都會的節奏中，竟無半點違和感。

從深冬積雪的帝都，在「穿，還是不穿」（秋褲）的糾結中來到東京，從東南方的東京灣方向吹來的溫暖、溼潤的煦風令人陶醉。從入境頭一天起，羽絨服便成了掛在商務酒店單人間牆上的多餘擺設。

林文月說京都是「心靈的故鄉」，對我而言，東京則是名副其實的第二故鄉——是我在北京之外，唯一居住、生活逾三年的城市。按說作為土生土長的北京人，經歷過「攤大餅」式的城市化進程，內心該多少有種一覽眾山小式的優越感——世界最大都市，非帝都莫屬，可到了東京才明白這種優越感之虛幻。說實話，我至今弄不清北京與東京到底哪個更大，也懶得做資料考究。但無疑，在經過關東大地震（一九二三年）和東京大空襲（一九四五年）後的兩度重建及戰後大規模的城市化之後，涵蓋了「首都圈」（即包括首都周邊的埼玉、千葉、神奈川等七縣的一體化區域）的大東京，的確保持了世界罕見的「巨無霸」型大都市的紀錄。相信每一個涉足過東京，體驗過密如蛛網的鐵道線和蟻群般麇集的網站的觀光客，都能感到此言之不虛。

東京像一個巨大的魔獸，無時無刻不在生長、膨脹，至今未已。進入二十一世紀以後，新開通了大江戶線、副都心線等地鐵線路，超大型綜合設施六本木新城（Roppongi Hills）開業，舊東京站改造工程竣工，新地標天空樹（Sky Tree）落成……可以說，東京變得更「深入」（如新建大江戶線的六本木站位於地下四十二．三米）、便捷，更「通天」（天空樹高達六百四十三米，成為東京的「天線」）、魔幻，也更後現代、更刺激了——可這些並不是我最關心的。令我耿耿於懷、念茲在茲者，只有一件事，那就是東京的「散指」。所謂「散指」，即「散步指數」，是筆者的造語，顧名思義，指適宜散步與否及適宜的程度。在我看來，一個城市在多大程度上適宜散步，直接關涉到那個城市之宜居與否及生活於其中的市民的幸福度，茲事體大。而既然人的幸福可以用「幸福指數」

來量化，那俺為什麼不能獨創一個曰「散指」的新詞呢？愛誰誰！

毋庸諱言，對「散指」的關注，其來有自，照例源自自身的問題意識。問題的背後，是自己生活的本土城市已不宜散步的不堪現實。吾友、學者汪民安曾撰文，如此談論他所居住的地界——望京：

> **望京是一個沒有街道的地方，到處是高樓，到處充斥著大馬路，裡面就是沒有散步的地方。在這裡生活很乏味，每天想出去走走，就是沒地方可走。我總是在想，為什麼這個城市要變成這個樣子，變成一個無法散步的地方？**

對此，筆者感同身受，因為我也住在望京，與汪宅只相隔幾條街區。汪說：「北京現在越來越大，你出門只能坐車，後來我發現對北京這個城市我越來越沒有什麼感受了，你的行走，就是永遠從一個地點到另外一個地點，整個路途都與你無關。慢慢地你會發

東京的地鐵廣告。

現，整個城市都與你無關，你只是對城市的某個地點，某個你要抵達的地點感興趣，因為城市的細節沒有了，城市的多樣性和祕密沒有了，城市的街道沒有了，取而代之的是車道……」於是，你從A地去B地，唯一關心的，便是交通手段和時間成本。或乘公車，或打的，就事論事，直截了當，而不會去關注沿途的風景和城市的表情——這使我們的出行成了單純的負擔，加上日益升級的交通堵塞，每個人的心中都充滿了焦慮和厭煩。

在這個意義上，東京仍然是「散指」頗高的城市——堪稱「散都」（散步之都），儘管其人口和機動車保有量均躋身世界最高水準。漫步東京街頭，你可以相當從容。儘管周圍西裝革履、手拎公事包的上班族們步履匆匆，公路上車流如織，速度很快，但你不會感到任何困擾：步道雖窄，但鋪裝整飭，幾乎每一寸面積都經過精心的設計，風格與路旁的店鋪、街樹及周邊環境高度協調，連下水道的井蓋都宛如藝術品；行人默默行走，秩序井然，絕少看到痰跡和紙屑，更沒人在路上吸菸。筆者曾親眼看見烏鴉和鴿子落腳在步道的欄杆上，與過往的行人僅隔十釐米，卻彼此

原宿——後現代文化聖地。

相安無事。烏鴉、鴿子與一片灰西裝「擦肩而過」的街景是一個隱喻，道出了現代都市與自然的和諧並非不可能。客觀上，東京的鳥類和流浪貓、狗之多，令人嘆絕，且全然不會有怕人的意識。

普通街道如此，遑論步行者天國。繁街鬧市，多闢有步行街，稱為「步行者天國」。有的地方終日如此，有的則分時間帶：時間一到，機動車繞行，行人信步馬路中央。天氣晴好時，藝人在街頭賣藝，年輕男女練習街舞，鴿子們照例閒得無聊，四處蹓躂，從不遠處的車站方向，間或傳來政治家的競選演說……對這幅構圖，所有人都見怪不怪，因為它早就定格成了超日常的生活風景。

如果說東京是散步之都的話，相信日本地方中小城市的市民會真心不爽。要知道，那些離海岸更近、空氣更清新、環境更清潔、歷史更悠久、地域文化更富特色的地方小鎮，不僅有溫泉名湯，有的還保有古城樓、城牆和護城河，徒步三、四個小時便可繞城一圈，簡直是天造地設的絕好散步道。然而，與之相比，東京的街頭散步更豐富、更刺激，更富於意外性和感官性，更「粹」。

表參道上的新婚。

我一向愛讀東洋作家談東京（江戶）的書，從田山花袋、永井荷風、奧野信太郎、吉行淳之介，到水上勉、川本三郎、四方田犬彥、福田和也，從三島由紀夫、池波正太郎，到寺山修司、荒木經惟，東京彷彿是一本永遠也談不盡的天書。東京像一個巨大的生物體，在幾代文人的談論中成長、變形、擴張——地上的建築物越建越多、越來越高，天際線越發狹窄、尖銳。但始終不變的，是城市的文脈和韻律，或者說文化。東京許多超高層建築的頂層都設有供市民免費賞景的瞭望台，有的可三百六十度旋轉。無論從哪個視角俯瞰腳下的鋼混密林，人們都會不約而同地在第一時間辨識富士山、皇居、新宿御苑、東京塔和自己的家。用荒木經惟的話說：「沒法子，東京跟我的生理合拍」，是「我的子宮」。

日文中對散步的表達主要有「散步」和「散策」兩種，今天在語意上已庶乎無差別，但筆者更傾向於後者。「散策」係源自中國古語的文言，原意為扶杖散步，杜甫有詩云「北風吹瘴癘，羸老思散策」（〈鄭典設自施州歸〉），即作此用。在現代日語中，「策」之原意已消失，成為一個「虛詞」，與「散」共同構成一個名詞（時而動詞化），意為適性隨意地蹓躂，而在語境上，與「散步」有微妙的溫差，在筆者看來，多少有種文士情懷和詩意的氛圍。日本的作家、學人，當他想到住家周邊的公園或澀谷、表參道一帶蹓躂一趟的時候，一般會說「散步」；可當他想到神保町書店街或銀座、日本橋這類地界閒逛的時候，則多半會用比較老派的「散策」。

永井荷風酷愛散步，其傳世名作《濹東綺譚》可以說就是一部散步之書，荷風也因此而有「散人」（荷風散人）之稱。雖說當年荷風散步的地界主要是玉之井一帶[1]的下町，遠沒有那麼陽春白雪，但他老人家穿西裝、戴禮帽、拄手杖，是真正的「散策」。因此，荷風散人當是散策之人。

也正是在類似的語境下，東京——這個我心中的「散都」，是散步之都，確切說，當是散策之都。

1 即今東京都墨田區東向島一帶，戰前係私娼寮和脫衣舞廳、風俗酒廊集中的花街之一。

東京塔腳下的德川家廟（增上寺）。

2 文學之都的氣味

當我說東京是文學之都的時候，並不僅僅是說那座城市曾經輩出過多少文豪、詩人和作家，而是說那座城市，連空氣中都瀰漫著隨筆和日本酒的氣味！雖然日本頗有幾個富於文學情調的城市（如京都、奈良、金澤等），但從江戶脫胎而來的東京仍然是唯一的，無可替代的。

東京在明治元年（一八六八）七月十七日成為新都之前，稱為江戶，意為河川入海之門戶：汩汩流過關東平原的利根川、荒川（隅田川）、多摩川等河流，經東京灣入海；流經市區的河流，有神田川、日本橋川（平川）、江戶川、淺草川、墨田川、深川等，數不勝數；更有許多河川，在歷次城市化進程中，隨著首都的擴建，從地面消失，成為地下河。所以，東京是名副其實的「水都」。大抵河多橋眾，從來是一個城市浪漫的標誌。在這個指標上，東京當仁不讓：打開交通圖，以「川」和「橋」命名的地名、車站令人目不暇給，且多與文人相關。

隅田川、日本橋、京橋之於谷崎潤一郎、芥川龍之介和永井荷風，正如上野、本鄉、神田之於森鷗外、夏目漱石和田山花袋。據野田宇太郎在《東京文學散步》中考證，著名醫師、劇作家木下杢太郎曾參與關東大地震後的帝都重建計畫，並親自設計了東京站附近的跨線鐵路橋八重洲橋。當時主導復興計畫的是東京市長後藤新平，在修建新橋時，出於美學上的考慮，公開徵求文化人的意見——木下方案便應運而生。木下的設計以西班牙古典主義建築為摹本，同時融入了傳統江戶建築的要素，是大正浪漫主義風格的代表作，被野田譽為「我國文化史上，與現代藝術最有因緣的橋」。[1]諸如此類的文化遺跡，在東京比比皆是。稍不留神，便會遭遇文化衝擊：它可能是一座雕像、一幢宅邸，或者一座紀念館；也可能是一棵樹、一塊店幌，或者一方墓碑。但只要它不經意間闖入了你的視野，你不可能不為之佇足。

因此，日本有太多迷戀散步的作家，也產生了世界第一的散步文學，如永井荷風的《隅田川》、《深

1 戰後，因東京站的大規模擴建，該橋被拆除。

川的散步》，佐藤春夫的《美麗的城》[2]，谷崎潤一郎的《屋脊後面的散步者》[3]等等，不一而足。上述野田宇太郎所著《東京文學散步》，煌煌七卷，記錄了從明治年間到昭和中期，幾代作家對東京的生死眷戀。川本三郎在寫真隨筆集《各有各的東京》[4]中，讓二十三位作家、畫家、導演登場，講述他們對東京，不，具體地說是對首都圈內某個生於斯、長於斯、終老於斯的小鎮的濃濃鄉愁。在白紙上把那些鎮子的地名連綴起來，便是一幅東京地圖，從山手到下町，從「盛場」到「惡所」，沿中央線一路向西，直到郊外的荻窪、武藏野……作家的筆調溫暖，有種穿越時空、超越性別的力量，直抵人的內心。如他寫向田邦子：

> 與現在的女生相比，昭和時代的女學生要不自由得多，被道德所束縛，也許很「憋屈」。但唯其不自由，她們更珍視日常的生活。正如戀愛，常常越是受制約，便越發純化似的，那時的女生正因為不自由，才更看重夢與憧憬。也許，向田邦子所愛惜的，正是彼時的「不自由」。

即使在東洋女作家中，向田也屬於對性有潔癖之人。其在保險公司工作的父親深知女兒的性格，倍加呵護。有時在家中待客，酒過三巡，那些酒品不濟的主兒便開始唱起來，哼那種男人之間彼此會意的小曲。歌詞快到比較「那個」的橋段時，既無法掃客人的興，又不願讓待在茶間的女兒聽到的父親，便會突然站起來，高舉雙手，故意大著嗓門喊「萬歲！萬歲！」……父女情深，躍然於紙。

用文學來形容東京的調子，真是再恰當不過。因為文學有雅俗之分，更有色調的溫差，有的幽雅節制，甚至不無寡淡，像極了京都的枯山水；而有的卻活色生香，甚至相當生猛。蘿蔔白菜，見仁見智，完全因人而異。文藝評論家福田和也獨鍾黃昏的春日通：

> 從遠處望見山手線的鐵道橋，疾步走過春日通。街燈在都電軌過鐵軌的聲音中搖曳，變成橘黃色，大塚像被掛上了一層暖簾——此乃江戶一流的日暮。

2　即《美しい町》。

3　即《屋根裏の散歩者》。

4　即《それぞれの東京　昭和の町に生きた作家たち》。

噪音、吆喝聲化作喊聲，湧向街路。穿行於店家的屋簷下，廣告電熱氣球不住地往上竄，繞過老鋪、新興風俗店和拉客的小客棧，就到了湯島的「琥珀」。

淺草、北千住、新宿、立石、大井町……東京有各種各樣的日暮和晦暗。但暗中卻自有一種甜——那是為了遍嘗其滋養的方式。

不到二十歲開始夜遊，我和我的鞋子，攜形形色色的伴侶——從風塵女到「萊卡DⅢ」型相機，踏遍了東京的繁街鬧市。既非天國，也不是地獄，我置身於現世的歡樂巷中。

福田是慶應大學的教授，土生土長的「江戶子」（日語，意為東京人），這副調子也完全是江戶式的，透著一股渾不吝、愛誰誰的勁兒，也許放到北京也分不出。可唯有從大都會的路燈中讀出日暮的不同「色溫」，從一片晦暗中品出某種「甜」的表現，堪稱東洋人獨有的生命體驗，令人想到「物哀」、「幽玄」、「私小說」之類——反正都是日本文學的勞什子。

柳宗悅的民藝館，位於東大駒場校園附近的小鎮上。附近的日本近代文學館和館內的 Book Café「文壇」，是可以泡一天的地方。

3｜東京的「副都」是怎樣煉成的

二〇一七年四月一日，關於設立雄安新區的消息公開後，「副都」成了熱詞。可你若問「副都」到底啥意思，估計絕大多數人會莫名其妙。其實我自己也比較懵懂，於是百度了一下，才知道是「副首都」的意思。但因為中國在傳統上一直是單一首都制（除了抗戰時期的陪都外），對「副首都」的概念也還是陌生。筆者從未考證過這個詞的來源，但我有些懷疑：這又是一個來自日文的外來語。

日文中，有一個詞「副都心」。權威的《廣辭苑》的解釋是：「在大都市的中心部，相對於原有的都心，在其周邊發生的副次中心，如東京的新宿、池袋、澀谷等。」講談社《日本語大辭典》的解釋，基本沿襲了上述釋義，但多了一條：副都心「多處於通向郊外的交通機關和都市內交通機關的連接點上」。確實，東京開往郊外（主要是西郊）的通勤電鐵，基本上都是從新宿、池袋、澀谷這三個大站始發的。這三大副都心，宛如三只巨大的蜂箱，日日夜夜，吞吐著蜂群。如JR澀谷站前廣場的大交叉路口（Scramble Cross），一次信號變換，約有三千人通過，日通過量多達五十萬人。那種場景，令人想起威廉・克萊因拍攝的紐約，卻有更為豐富的語義，令東京「土著」、攝影家荒木經惟一生迷戀不已：

在銀座SONY大廈前，或者澀谷車站廣場那樣的數不清有多少條路的交叉路口，綠燈一亮，雜遝的人流突然從四面八方湧來，好像要撞在一起似的，然而卻不，只是擦肩而過，又四散而去……那才是東京的魅力呀。

即使如副都心澀谷，也有這種表情溫馨的尋常巷陌。

JR 澀谷站前廣場的大交叉路口（Scramble Cross）。

東京的都心在哪兒？從地理和文化傳統上說，是江戶城，即今天的皇居。江戶城是由石砌的城牆及呈順時針螺旋狀延伸的內堀（內護城河）與外堀（外護城河）共同拱衛的防禦性建築結構。在內堀環抱的內城，坐落著以幕府中樞機構本丸（主城堡）為中心的御殿（府邸）。在本丸之外，到外堀內側的外城裡，順螺旋的中心向外，依次分布著譜代大名（世襲家臣）、外樣大名（旁系諸侯），直屬於將軍的旗本（御林軍）和御家人（下級武士）的居住區。再向外，直到外堀的外側，則是町人（商人、職人）的生活區。如此，「四民」（士農工商）比鄰而居，雞犬相聞，和諧社會，此之謂也——此乃德川時代之江戶城的特色。居於本丸之中的將軍，號令天下。而江戶城，則成為「天下的總城」，是「城下町中的城下町」。

位於皇居以東一箭之遙的日本橋，是江戶時代通往全國的五大街道（東海道、中山道、日光街道、奧州街道和甲州街道）的起點，從陸路到運河，真正是「九省通衢」的要衝，至今仍是通往大阪的一號國道和到青森的四號國道的起點。明治維新以降，江戶改稱東京，成為首都，日本橋被視為東京的原點，也是全國的地理中心，同時承擔著最大的商業、流通中心的角色。作為江戶時代即成百萬級人口的大都市，江戶早在近世就遭遇了城市化進程中的一系列矛盾，如人口、交通、消防、汙水和垃圾處理等。為應對這些「城市病」，幕府做出的一項重大舉措，就是在大江戶的周邊，設立「江戶四宿」。具體地說，就是分別在五大街道（或其周邊），在距離日本橋二里（日本古代的一里，約相當於今天的四公里）開外的放射線上，設置驛站：即東海道上的品川宿、甲州道上的內藤新宿、中山道上的板橋宿及日光和奧州道之間的千住宿。彼時，四宿均為扼守江戶的玄關。但隨著時代的推移，四宿帶動了周圍區域的發展，相對於都心的日本橋，漸成副都心。如品川和內藤新宿，是地方大名「參勤交代」（幕府為了遏制地方大名的勢力，要求大名隔年到江戶居住的人事制度）之際，進入江戶的門戶，終日華蓋雲集，車水馬龍，漸成與吉原並稱的遊樂之地；板橋與千住，則由於周邊原本就有農產品集市，從而演變成流通據點。四宿的設立，實際上擴充了江戶的城市功能。

從明治維新後的近代化，到關東大地震後的帝都復興，直到二戰後的重建，「江戶四宿」不僅未凋敝，反而被一路強化。一九五六年，內閣府發表的《經濟白皮書》（副標題為「日本經濟的成長與近代化」）的結語——「已然不是戰後了」成為流行語，標誌著戰後復興結束，日本已併入高度增長的快車線。

從江戶到東京，從最初的東京市到後來的東京府，再到今天的東京都，這座城市一再向外輻射，外延越來越大，但「都心」所指的區域，並沒有太大變化。與紐約的曼哈頓、巴黎等國際大都會一樣，傳統上，以皇居為圓心五公里半徑內的區域，被視為東京的都

· 皇居二重橋。

心部。這條五公里輻射線，大致與今天的山手線重合，如新宿站，剛好位於皇居正西五公里處。從東京的行政區劃來看，二十三區中，位於五公里半徑圈內者，有四個：即千代田區、中央區、港區、文京區；若把跨在五公里輻射線上的區域囊括進來的話，可以再加上新宿區、澀谷區和台東區。一般按距離城中心的遠近，有「都心三區」、「都心五區」、「都心六區」的說法，但基本不會超出這個範圍。與紐約、巴黎等城市不同的是，東京城區的邊界遠不止於五公里輻射圈，而是呈放射線狀，不斷向外延伸。這一點，多少與大倫敦近似。而向外延伸的中繼點，或者說副次中心，就是副都心。

一九五八年，東京都人口接近九百萬，仍在持續膨脹，「大城市病」開始表面化，惡性交通堵塞呈常態，「通勤地獄」令上班族苦不堪言。東京都以都心的功能分散為目的，確立了三大副都心，即新宿、澀谷、池袋；一九八二年，又確立了上野・淺草、錦糸町・龜戶和大崎三個副都心，旨在東京的城市均衡發展；一九九五年，進一步追加了臨海副都心。每個副都心都以連結都心和郊外的樞紐車站為中心，形成了

皇居也是「中空構造」。

從地下到地上、複雜魔幻的立體商業設施網，其本身就是不亞於都心的重要文化據點。如新宿，因其多元而開放的場域及其強大氣場，在六〇年代末的安保運動中，被稱為「解放區」；澀谷和池袋，則成為後現代文化的重要策源地。在三大副都心確立五十週年之際，二〇〇八年，在東京原本就密如蛛網的地鐵線路中，連接新宿、澀谷、池袋的副都心線開通，成為東京西部縱貫南北到西南的一條重要地鐵線，從池袋無須換乘，一線便可抵達橫濱中華街，要多方便有多方便。如此，東京城市的擴大並不是從都心，單純線性地向外輻射，而是以副都心為中繼，「充值」、「增幅」後再向郊外延伸——副都心也成了輻射源。副都心直接帶動了郊外的發展，形成了一些非常有特色的新城（New Town），如新宿以西、中央沿線的立川，便被稱為「副副都心」。

而耐人尋味的是，戰後包括三大副都心在內的副都心建設規劃，竟然與江戶時代的「江戶四宿」不謀而合，兩者不僅都坐落在山手沿線，連相對座標也相去不遠。這當然不是單純的巧合，恰恰反證了一個都市生成、發展和成熟的歷史，絕非偶然，其背後有一脈相承的文化傳統和「基因」的支配。正因此，在日本經濟持續蕭條的所謂「失去的二十年」中，特別是進入二十一世紀之後，以東京地域歷史文化為研究物件的「江戶東京學」日益顯學化，不僅有大量的專著、學刊、MOOK，而且有專門的研究機構江戶東京博物館（俗稱「大江戶博物館」）及其附屬的建築博物館——江戶東京建物園。最近，神奈川縣的川崎市，又開設了一處日本民家園：在偌大的一片丘陵地上，集中復現了江戶時代有代表性的古老民居。且彌足珍貴的是，這些民居並不是仿造物，而是過去半個世紀以來，地方政府面向整個東日本徵集的「骨灰級」古建，從全國的城鄉津浦解體運輸，再在園中重新組裝而成的「移築」物——全部是如假包換的真跡。如此規模的城市文化研究，加上現成的田野，想不出成果也難。

筆者個人也是江戶東京學的發燒者，身在北京，心在江戶——甚至可以說，我對江戶—東京的瞭解，遠大於對北平—北京的瞭解——也是無奈：置身於今天的帝都，你上哪兒去瞭解老北京？觸目可見的地標，都簇新簇新的。有關於北京文化的博物館嗎？你見過連續出版五年以上的相關MOOK、文化誌，哪怕是一

百年東京車站。

份資訊紙嗎？

一九九〇年十二月，由建築大師丹下健三設計、位於新宿西口的新都廳大廈竣工。以此為標誌，可以說，東京都晚近的城市建設，基本上是以副都心為中心展開、推進的。經過近三十年的持續開發，東京都已成了一座名副其實的現代而魔幻的「大東京」——無論地域面積，還是人口。這甚至改變了東京，乃至整個關東地區住民的文化認同：因東京灣海岸線的再開發，東京都的江戶川區、葛飾區與千葉縣的邊界已相當模糊；而隨著「新東京國際空港」（即成田機場）和「東京狄斯奈樂園」這些超大型公共設施的落成，不知不覺間，「東京」已成了跨地域的「巨無霸」魔城。今天，除了二十三區和西部多摩地區的二十六市之外，「神奈川都民」、「千葉都民」和「埼玉都民」的說法頻密見諸媒體，首都圈內的非東京市民，基本上覺得自己是「東京人」。

當然，這不僅僅是文化認同的問題，勢必對整個國家的經濟、社會和文化發展造成深刻的影響。從二〇〇五年起，日本人口陷入負增長，老齡少子化社會開始加速。日本原本就有所謂東京「一極集中」的傾向，進入二十一世紀以後，這種傾向更加明顯：目前，首都圈人口已從「泡沫經濟」崩潰後全國人口的四分之一，膨脹至三分之一。就是說，三個日本人中，就有一名東京人。全國人口呈增長態勢的少數幾個自治體，除沖繩和福岡外，基本只剩下東京都及首都圈三縣（埼玉縣、千葉縣、神奈川縣）了。當然，這不僅是出生率所致，更大的因素是人口的遷出和遷入比：如二〇一五年度，東京都的遷出人口為三十七萬人，但遷入人口則達四十六萬人。

據經濟學家和社會學者預測，東京都的大部分地區，人口增長拐點也將在二〇二〇年到來。但都心部，從「都心五區」到「都心三區」的增長拐點，則可望維持到二〇三〇年。有句俗話叫「人多好辦事」，但對中國社會來說，對此話的實際效果只能做負面理解。可對日本來說，則剛好相反：人多的自治體，意味著足夠的勞動力和消費者，經濟才能維持良性迴圈，社會和文化的發展才能維繫。

從這個意義上說，日本的未來，很大程度上取決於大東京——此誠非虛言。

4 在美術館裡約會，是一種怎樣的感覺

人在東京時，什麼都可以不知，但有幾個地方是必須要瞭解的，不為別的，因為這幾個地兒都是約會熱穴（Hot Spot）——所謂「人在異鄉，無酒會慌」嘛，如新宿東口的ALT、JR澀谷八公口的八公犬塑像、新橋站日比谷口的蒸汽機關車、六本木新城的大蜘蛛雕塑等。我在這類地方沒少約會，但更多是在書店，如新宿東口紀伊國屋書店、京王口的丸善書店，池袋東口的淳久堂書店，神保町的三省堂、東京堂書店，等等，不一而足。

在書店裡約會有個好處，就是基本沒啥心理負擔，無論到早還是遲到，都不至於出現一方乾等另一方的情況。加上有的書店，咖啡廳就設在畫廊內，現磨手沖的咖啡不是一般的好喝，多半杯碟中還附贈一枚精緻的曲奇。說實話，一邊啜咖啡，一邊翻著新入手的卷冊，有時候真恨不得讓對方多遲到一會兒。也許是我耽讀書店懸疑小說的緣故，我看東京、橫濱、京

都等大都會書店裡的書客，總禁不住想像其職業身分和趣味。東京有足夠多的書店，光實體舊書店就有近八百家。在如此景深繁複的舞台上，每天都上演著形形色色的約會與邂逅，其中有些還會有後續的發展，書店懸疑小說想不發達也難。幾年前，上海浦睿文化引進的《古書堂事件手帖》，煌煌四卷本，寫的就是以北鎌倉站前的舊書店為舞台發生的故事。不過，那間舊書店卻是架空的。

除了書店，日本還有一種公共空間也適合約會，那就是美術館。應該說，對文青來說，沒有比在美術館裡約會更文藝的勾當了。當然，除了文藝，客觀上，還有一些特性，是美術館約會所獨有的。首先，是地理的近便。日本都市的美術館，多位於車站周邊，交通便捷，一般在站內都有清晰的標識。如大型美術館比較集中的六本木地區，有多條地鐵線路交匯，但無論你乘哪條線，一出檢票口，去國立新美術館、森美術館，或由安藤忠雄設計並擔任館長的二十一世紀設計美術館（21_21 DESIGN SIGHT），出哪個口，在哪兒左拐，再步行多少米，一清二楚，參觀者只需照箭頭方向「按圖索驥」就是，萬無一失。

其次是立地條件和人文景觀絕佳。美術館（Art Museum）和博物館（Museum）的語源，是希臘語「mouseion」，原意為執掌學問和藝術的繆斯女神的神殿。中文的「美術館」，亦源自日文，是明治期日人對「museum」一詞的翻譯。語源如此，而現代的美術館作為一種空間媒介，其「連結」的物件，是藝術，直接關乎美。因此，其它文化設施未必需要那麼美，甚至可以不美，但美術館必須美，否則不配稱「美術館」。這裡說的美，並不僅僅指收藏和展示品，而是包括了美術館的建築及其周邊環境在內的全部要素。換句話說，是對環境藝術的一項評價指標。大約十年前，我曾在《新京報》上撰寫過〈美術館之國〉一文（見拙著《中日之間》，中信出版社二〇一四年一月版），大致梳理了日本近代化以降，國家「美術行政」主導的、長達一個多世紀的美術館建設歷程：

至八〇年代，已經沒有無公共美術館的地方自治體。不用說縣、市，很多經濟繁榮地區，甚至達到「一鎮一館」的水準，僅東京地區，便有近百所。很多地方的美術館，是當地最豪華、最醒目的地標性建築，

位於六本木、由已故建築大師黑川紀章設計的國立新美術館和由安藤忠雄設計並擔任館長的二十一世紀設計美術館。

不僅舉辦藝術展事，還兼具市民文化中心的功能。其建築前的廣場上，鴿子悠閒地覓食、散步，少男少女音樂組合K歌，比賽街舞。

就美術館的生態而言，除了國立和地方自治體公立外，還有企業和私人美術館，形態可謂多元。毋庸諱言，如此多元、林立的美術館，勢必面臨嚴峻的競爭。而何以在競爭中立於不敗之地，環境藝術是一個必要條件。於是，各個層級的美術館除了在策展上競合之外，也盡可能利用各自的環境特點，渾然天成地嵌入自然或城市的人文環境中，作為「美的裝置」，晝夜不停且年中無休地輻射著影響力，拓展著美的外延。

當你在東京市中心大手町漫步，看到一百二十五年前的紅磚洋館——三菱一號館美術館被周圍高聳的現代寫字樓環抱在中間的時候，不但不會嫌它規模小，過於袖珍，反而對經它裝點過的那一片空間的歷史滄桑感和像裸露的地層似的文化縱深感心存敬意。當你在東京國立近代美術館觀完展，走出館內書店的自動玻璃門，再從停在前庭一角的麵包車小賣店買一杯生啤酒（東京國立近代美術館是日本少有的提供酒精飲

一百二十五年前的紅磚洋館三菱一號館美術館被高聳的現代寫字樓環抱在中間。

品的美術館之一），然後坐在木椅上，望著一箭之遙的皇居和宮牆外的護城河時，會有一種強烈的穿越感：一部近現代藝術史竟與眼前的大皇宮重疊交錯，且混搭得渾然天成，難分彼此。我每次去京都行腳，有一個必訪之地，不是京都御所、二條城，也不是清水寺、金銀閣寺，而是京都國立近代美術館。看過全部展覽，我會走到四層的Lounge，坐在漆成紅色的巨大長凳上，隔著落地窗，俯瞰平安神宮的大鳥居和對面的洋範兒高貴的京都市美術館，白川靜靜地流淌，遠處的山巒一片蒼翠……我都忘記了在那兒約會過多少朋友，拍攝過多少枚照片。

在日本逛美術館，還有一個重要的動力——書店。所謂書店，其實是美術館附設的館中店（Museum Shop），商品以與館內展示內容相關的圖錄和出版物為主，也有一些紀念品和工藝品。圖錄因多為非出版物，價格比同類圖書便宜得多。雖說是圖錄，但既有高品質印刷的圖版，又有關於那個主題的相關解說，甚至學術論文，作者均為相關領域的頂尖學者，頗有學術和收藏價值。且圖錄的發行，僅限於畫展的檔期，屬於「過這村，沒那店」。如果N年後，再想找的話，便只有到舊書店裡去淘，那可動輒就是珍本書的價格了。如二〇一五年九月，在東京永青文庫舉辦的浮世繪春畫展，因全部藏品來自大英博物館，很多是首次在日本公開，觀眾趨之若鶩，不在話下。其展覽圖錄一巨冊，標價才四千日元，絕對是物超所值。當然，除了圖錄，還有藝術圖書。且館內書店的藝術圖書，其專業性堪比藝術系書店，許多十幾年前，甚至二十年前出版的、坊間早已絕跡的舊版書，館內店還在銷售，我曾在橫濱以港口舊倉庫改造的藝術空間 BankART 的書店裡，淘到過十數冊《美術手帖》的過刊，每一冊都是我積年尋覓的目標。對我個人來說，館內店還是一個撿漏寶地：時常遭遇作家、攝影家的簽名本。如我曾在東京國立近代美術館、東京都現代美術館、東京都寫真美術館和橫濱美術館的館內店裡，買到過攝影家森山大道、荒木經惟、須田一政等人的簽名本寫真集十餘種，且這些全新簽名本均按書的定價出售。我敢說，隨便一本拿到舊書店，可輕鬆賣到一倍乃至數倍的價錢——「撿漏」云云，誠非戲言。

拉回正題——約會。應該說，在美術館約會，固然交通便捷，節省時間，可成本不菲。因為與歐美不

從橫濱港藝術區 BankART 眺望碼頭。

同，日本的美術館普遍較貴。即使只看某個企劃展，也要一千五百日元上下。而一張既可看常設展，又可看企劃展的共通券，兩三千日元也是稀鬆平常。再加上觀展後的咖啡和「買買買」的話，一次約會的預算最少也不低於五千日元。那麼，問題來了：跟誰約？會女友的話，這點預算自然不在話下。可如果是一般朋友的話，那還真得想一想——即使不為自個想，也要為對方考慮，日本畢竟是AA制文化的國家。不過，我全然不必顧慮這一層。因為，我在美術館基本只約會藝術家和策展人朋友。藝術家自己也有定期觀展的需求，無須客氣。所謂策展人，我說的是供職於某個美術館，作為「學藝員」（即策展人）從事藝術學術研究者。也是巧了，我在東京、京都和金澤這些被認為「好有文化」的城市，都有一些策展人朋友。跟那些朋友約的話，去他（她）們的美術館，會友兼觀展，不亦樂乎？更爽的是，有免費觀展的特惠。我一般是提前約好，下午按約定時間過去，到目的地後打個電話，策展人朋友會帶一只「Guest」（來賓）的名牌，連同最新企劃展或特別展的圖錄給我。然後，我觀展，他（她）先回職場。待我看完展覽和館中店後，再次致電。朋友出來，我們一起去附近的居酒屋——遂進入夜間部的節奏。

約會藝術家、策展人朋友，一年之中總有那麼幾次。而具體定在什麼時間，一般要看畫展的檔期。日本美術館的策展活動，極富計畫性，有些重要展事，因涉及從海外調運展品，並伴隨運輸、保險等巨額預算，往往是提前數年就定好的規劃。各種藝術資訊，確保你不會漏掉任何重要展事。提前一年，各種藝術MOOK或刊物，會告訴你翌年度全國重要美術館全部展事的內容和展期。你要做的，只是根據自己的檔期和錢包的豐盈程度，選擇其中的「必須」者。當然，選擇即代價：「必須」的反面，是對絕大部分展事的「割愛」。

說到這兒，我倒是想到了我所在的城市——北京的狀況。帝都與全國一樣，在過去十五年中，完成了美術館建設的狂飆突進。從硬體上說，其「高大上」庶幾已與發達國家比肩。但在軟體上，差距真不可以道里計。僅舉一例：去年，798藝術園區內有一家我常去的畫廊，擬舉辦日本攝影家須田一政的攝影展。提前數月，我就從網上和微信等各種管道得到了展訊，

從京都國立近代美術館四層的 Lounge，隔著落地窗，俯瞰平安神宮的大鳥居和對面的京都市美術館。

翹首以盼。因為我是須田一政的粉絲，寫過關於「須田調」的評論，並藏有攝影家的簽名本寫真集。但我發現展訊上未寫展期的具體時間，只有「近期內」的模糊表述。於是，我隔幾天就會看一下那間畫廊的公微，看有無具體安排發布。如此，兩三個月轉瞬即逝。因為要安排一次出國旅行，我又怕錯過須田展，便致電畫廊，確認展期。不承想，接電話的女生告訴我，他們也不知道何時才能舉辦。這讓我真的困惑了：可……難道不是你們自己發布的辦展通知嗎？怎麼會不知道呢？電話那頭，女生抱歉地說：因為全部展品從日本海運過來，早就到了天津新港，但在海關卡住了。何時能通關，我們也說不好……

我瞬間聯想到前幾年發生的自己身邊藝術家朋友的遭遇，在心裡說，那就是不可抗力了。是的，不可抗力，或曰不確定性。如此狀況之下，你能期待本土的美術館編本MOOK，列出未來一到三年內重要展事的計畫嗎？不如意事十常八九，可與語人無二三——在一個不確定性的時代，為文責計，我還是暫不推薦在本土美術館裡約會。

5 —邊吃咖哩飯邊看寫真集，是一種什麼樣的感覺

惠比壽，有東京都寫真美術館和眾多的攝影畫廊，素有「寫真街」之稱，即使在「很文藝」的東京，也是代表流行和時尚的街區。從JR惠比壽站西口出來，沿駒澤通朝青山方面步行不到十分鐘，過一個跨街天橋，在一個巷口，可見一木屋。整個建築的外立面包著原木色的實木板，置於都心部鋼混現代建築的密林中，頗有點林中小屋的味道。不過，伸到路邊的粉紅色屋簷，到底透出了一絲時尚的氣息，彷彿在提醒路人：這兒，是一間時髦的鋪子。

落地門的玻璃上，貼著一枚正方形的紅色貼紙——那就是算是店幌了：寫真集食堂－めぐたま（PHOTOBOOK DINER MEGUTAMA）。可這塊稍嫌「謙遜」的店幌，令人困惑：這到底是一間攝影集書店，還是……食堂？而困惑著的當兒，腳便不自覺地移到了自動扉的前面。進得店來，真別有洞天！進門處，是Open Kitchen。像通常的居酒屋似的，外側是一圈

位於惠比壽的東京都寫真美術館是世界最大規模的攝影美術館。

吧檯。吧檯上方到天花板之間，那種在居酒屋常見的被用來盛酒瓶的木架子上，擺著小開本的攝影集。房間裡，擺著幾張餐桌、餐椅，因空間夠大，並不逼仄。再往裡，是一張長條桌，足以供二、三十人圍坐，天花板上掛著下垂式的幕布。日本攝影界的大佬們，經常在此舉辦各種 Work Shop。後山牆與前面一樣，也是整面的落地窗。後門直通天井，是一個袖珍庭院，陽光透過玻璃天花板直打下來，在四周綠色植物的映襯下，滿目碎金，人坐在那兒需戴副墨鏡。室內兩整面橫長的牆壁，均預裝著從地板頂到天花板的原木書架，格子均等，插滿了攝影集，書脊朝外。攝影集比一般出版物開本大，紙張厚重，所以這兩面書牆顯得格外鑿實，有種強烈的威壓感。

不過，細看之下，這種威壓感其實有種內在的秩序和節奏。以年代和攝影家姓名為序，從入口處開始，由外向裡延伸。分類全面而不失個性化，整飭有序，儼然構成了一部完整的私家版攝影史：如出版年代的分類中，從二十世紀三〇年代起，直到二十一世紀初葉，每隔十年，有一個標籤；海外攝影集分為德國、美國、法國和亞洲；日本攝影家中有森山大道、荒木經惟和深瀨昌久等；其它還有自然攝影、攝影全集、影展圖錄與攝影雜誌、大型本和飯澤祕藏本等，其中頗不乏攝影家自費出版、極少量印刷的珍稀本。光臨食堂的食客們可任意流覽，但有一個不成文規：每從架上抽出一本，須用塑膠襯板插到原書的位置上，直到攝影集閱後被還原。如此，這部攝影史，始終按照食堂總掌櫃、攝影評論家飯澤耕太郎最初編織的架構在生長。

筆者與財新傳媒的編輯朋友探訪寫真集食堂。

食堂開張三年來，我先後去過三次。當初，聽飯澤說藏書量大約是五千冊。直到兩個月前，飯澤做客NHK電台，那一檔廣播節目剛好被我聽到，才知道三年間，藏書量又有遞增，達到目前的六千種。記得兩年前，我第三次去時，幫他帶了一套中國攝影家呂楠的攝影集「經典三部曲」（中國民族攝影藝術出版社，二〇一四年九月版）。他對那套攝影集評價甚高，認為從編輯到印刷，都達到了相當的品質。當然，攝影家更是他所喜歡的。飯澤很是興奮，一邊摩挲著書，一邊在書牆上為三種攝影集闢了一個位置。日本雖然有不止一間攝影圖書館（距食堂一箭之遙的東京都寫真美術館就是一家權威的公立攝影圖書館），但以飯澤其人攝影評論第一人的業界地位及其獨特的藝術品味，其個人收藏的學術價值是公認的。而更有趣的是，飯澤通過「寫真集食堂」的嘗試，把攝影帶到了生活中，使藝術元素像顯影液似的，均勻地溶解到每一寸空間——藝術成了一種媒介，如氣場般無處不在。三位合夥人各司其職，使這個以攝影為主題的「深夜食堂」，成了藝術的公共空間：飯澤本人負責與攝影有關的內容運作；藝術家出身、曾擔任過著名攝影季刊《既視感》（déjà-vu）出版人的夫人Tokitama，負責空間的藝術活動策劃；另一位女掌櫃Okado Megumiko，則負責食堂的「主業」——餐飲。在東京都內的大小街區，「深夜食堂」範兒的小館子真多了去了，也有不少文藝風、走小清新路線的時尚餐飲店，如兼營古書的 Book Café、漫畫吃茶和某些主題性的 Live House 等。但像寫真集食堂這種並不拿藝術說事兒，而是以數以千冊計的精品收藏和每週、每月的各種 Work Shop、學術講座等「硬貨」來付諸經營的本格派藝術系食堂，還真不多見。與其說是「食堂」，毋寧說是一間袖珍的攝影美術館，就連定休日都與主流美術館保持一致（每週一）。

日本是舉世公認的攝影大國和攝影集出版大國，有盛極一時的「寫真集文化」。八〇年代之前，在美術館裡舉辦攝影展幾乎是難以想像的。彼時，攝影家創作和讀者的觀看，端賴攝影集。攝影集既是出版物，也是一種媒介，是絕對的王道。礙於日本傳統家屋的設計格局和審美習慣，日人較少像西方家庭那樣，把照片當成藝術品掛在牆上。乃至直到二十一世紀之初，還有一些大牌攝影家固執地認為，從暗房裡洗印出來的照片，是用於製作攝影集的原版。像西方畫廊那樣，

食堂內部。

銷售由攝影師親自印放並簽名的原版照片，不過是近年來的事情。

對攝影家來說，基本無須顧及目的性（如廣告攝影），不承擔特定的角色（如電影攝影師），而能最大限度地實現「純粹」藝術表現的「場所」有二：一是攝影展，一是攝影集，兩者都包含一種空間流動的概念。前者，攝影家和策展人須考慮物理空間的條件。某種意義上，攝影作品的輸出形式，包括懸掛的方式和排列順序，直至畫框的顏色、材質和品質，構成了一種當代藝術語義上的裝置。可以說，在建築本身的種種制約下，何以使在展場內移動逡巡的觀賞者，能有效地聚焦於藝術作品，進入攝影所誘導的抽象空間，除了作品的主題性和品質呈現外，相當程度上有賴於展場的物理構成。

就觀者切入攝影所表現的抽象空間的過程（或曰路徑）而言，沒有比攝影集更捷徑、更純粹的了。一部攝影集，其所占據的物理空間，僅取決於開本和厚度。但攝影集作為出版物，往往更重視主題性，與讀者的感官互動更有效，確保視覺器官在接受一個影像資訊的刺激後，可迅速通過想像進入藝術的抽象空間。而現代攝影集的高品質印刷，高克數銅版紙或純質紙的質感，則提供了一種類似人手摩挲照片的模擬效果，客觀上強化了所謂「情感移入」（或曰「神入」，empathy）。一部攝影集，在被反覆翻閱的過程中，一種卷冊開合所給予人的「手感」及通過「手感」所傳遞和釋放的快感，是諸如CD-ROM攝影集等數位化媒介所難以傳達的。從表面上看，書頁開合無非是一種物理性的重複（tautology），但正是這種貌似單純的「重複」，其實也是一種與影像的對話。東洋寫真集，非常重視學術性，哪怕再簡單的構成，也必有目次、解說文、攝影家簡歷和作品簡表。讀者在觀看一幀照片時，如心有戚戚，往往會前後翻閱，並從目次和作品簡表等附錄中檢索，深讀並試圖索隱作品背後的資訊。

攝影集還有一種堪稱神祕的特性，人在神清氣爽、精神比較亢奮時和相反狀態下，流覽同一部攝影集，即便翻閱的順序和頁次完全相同，印象也會大異其趣。這大概關乎感官的開放程度，人在不同狀態下，哪怕翻閱《花花公子》、《閣樓》那樣的刊物，心理和生理上也會呈現不同的反應。對此，飯澤耕太郎在《攝影集的愉悅》一書中如此寫道：

> 攝影集是活的。其證據是，它會成長，會變幻姿態：曾幾何時過眼的寫真集，並未引起什麼觸動，幾乎已經忘記，可當你再次看見它的時候，卻完全是另一種印象，給人以強烈的衝擊。攝影展也是由複數的攝影作品構成的一種富於實效的表現形式，遺憾的是，它無法像攝影集那樣，被反覆翻閱，咀嚼玩味。攝影集就像很早以前結識的老朋友似的，常在身邊，但出其不意地，會給你帶來意想不到的刺激和愉悅。

作為逾四十年如一日，手不釋卷地一路「讀」攝影集的攝影評論家，飯澤還有一個發現，即「那些被稱為攝影家的、選擇了有些怪異活法的人們，他們的姿態，在攝影集中都有活生生的呈現」：

> 他們的生命與攝影交融，庶幾已無界限。一邊凝視著攝影集，我甚至能感到他們的肉身，帶著體溫和氣息浮現出來。這難道還用說嗎？「讀」攝影集這件事，乾脆就是對作者（攝影家）的閱讀。當然，我承認也有把作者與其攝影文本完全相切割的讀法，但那種方法與我何干？

一場關於食用菌的Work Shop即將開始。

飯澤與日本作家温子（右）和財新傳媒編輯（左）在談出版事宜。

我自揣頗能理解飯澤的感受。譬如，我個人購讀荒木經惟的攝影集較多，把他早期和後期的作品對照閱讀，能看出一種明顯的變化，即死亡表現的增幅，頻度和濃度都在強化。性與死，原本就是荒木藝術創作的兩大母題。他曾經用兩個希臘語詞匯——「Eros」（愛神或性愛）和「Thanatos」（死神或死亡）合成，自造了一個詞「EROTOS」，並用這個詞作書名出版了一部攝影集（一九九三年）。那些以植物果實、枯萎的花蕊、軟體動物和昆蟲為被攝體的黑白攝影，是我讀過的最露骨的性表現，卻瀰漫著濃烈的福馬林氣味。「EROTOS」很難翻譯，也許可勉強譯作「生死愛慾」之類，但感覺還是隔了一層。因為，這個詞「所指」的重心，是落在「死」上，而荒木的攝影表現也指向死，甚至連性表現也充滿了死亡意象。用飯澤的話說，「這個造語相當精準地開示了貫穿荒木攝影世界的原理」。越是到後期，荒木攝影中的這種死亡表現越直接，越強烈，有種直懟人心的撞擊感。特別是他動了前列腺手術之後，那種欲說還休、欲罷不能式的表現越發升級，已然從過去的死亡迷戀到了死亡焦慮的程度。

幾年前，我曾在評論荒木攝影的另一篇文章中說過，在近半個世紀的創作生涯中，荒木幾乎把所有親人，包括在陽子夫人死後，陪伴他二十二載的愛貓Chiro的「死顏」（shinigao）都攝入了膠片。對攝影家來說，他在「此岸」的根本問題也許只剩下一個，即自己的「死顏」如何拍攝。我甚至覺得，「玩世」如荒木者，屆時很可能會設計一個自拍程式，快門線連著呼吸監視儀，在呼吸驟停的時刻，系統自動摁下相機快門……

日本作為曾幾何時首屈一指的攝影集出版大國，受制於經濟低迷和出版不景氣，攝影集出版從盛期的上千種，女明星寫真集動輒發行上百萬冊墜落到近年來的不足百種，且絕大部分是偶像藝人寫真集，人文攝影集寥寥無幾，乃至從業界到社會，都有種所謂「寫真集文化已死」、「寫真集沒有將來」的聲音。對此，飯澤頗不以為然。他認為，即使是一九八〇年代以降付梓的、版本較新的攝影集中，也不乏精品。紙質攝影集的手感和模擬時代高品質印刷的影像質感，是不可能被數位化媒體所完全取代的。如二〇一六年底，飯澤與另一位攝影評論家、被稱為日本「寫真集收藏第一人」的金子隆一共同編纂的一本攝影集《植田正治作品集》，以二二九幀圖版，再現了植田正治這位以「將擺拍進行到底」而著稱、被稱為「作為作家的攝影家」的藝術。十六開大書，函套精裝二七一頁，含稅近一萬八千日元，價格不菲，但頗走俏。今年春節，我去東京觀影（好萊塢版遠藤周作的《沉默》）時，順便從池袋的淳久堂總店買了一冊。淳久堂書店池袋店頂層的藝術書籍賣場很有名，空間相當大。據店員透露，攝影集賣得不錯。進貨八冊，我買的第七冊，是店員從庫房裡抱來的。待我買過，庫存告罄，只剩一冊被人翻過的樣書了。

千萬別以為，寫真集食堂裡的卷帙都是大路貨。恰恰相反，飯澤積四十年之功，胼手胝足的收藏，其價值真不可小覷。僅舉兩個例子：飯澤於十年前編纂出版的《荒木本！》（二〇〇六年十二月版），號稱是一本「All about Araki」的荒木經惟攝影指南。掃描、月旦了荒木經惟從一九七〇年出道到二〇〇五年，先後出版的三百五十七種攝影集，其中絕大部分，都是飯澤自己的蒐集。要知道，荒木早期以所謂「私家限定版」複印並自費出版的部分作品，如記錄其與陽子夫人新婚旅行的《感傷之旅》（一九七一年，施樂影印機複製發行，一千冊）等，不僅一冊難求，且早已是天價。二〇一五年五月，我第三次探訪寫真集食堂時，同行的財新編輯朋友隨手翻閱一冊A3開本的攝影集，久不釋卷。我有些好奇，側頭一看，是已故攝影家深瀨昌久於一九九一年出版的攝影集《家族》。回酒店後，我在熟悉的幾家藝術系舊書店和古書網上一檢索，方知書早已絕版，最便宜的一冊，也要九萬日元。

那麼，問題來了：如此珍貴的收藏，全部付諸公共閱覽，被讀者弄髒怎麼辦？作為藏書家來說，不心疼嗎？飯澤在做客NHK時說：「此一時彼一時也，現在已經不介意了。付諸公開，讀者反而會加倍小心。翻閱某些珍本時，會自覺戴上店裡提供的白手套。當然，偶爾也會發生紅酒撒在書頁上的時候，那倒也是一種為藝術而陶醉的痕跡。」不過，Tokitama 夫人透露：「書被翻破也是有的。飯澤會用膠帶修補，還挺高興……」

對今天的飯澤來說，也許「重要的不是藝術」，甚至也不是攝影集。重要的是——「寫真集食堂」裡的攝影集。食堂的另一位女將Okado是料理達人，標榜家庭口味，對食材卻極為挑剔，全部採用綠色無農藥國產食材。中午提供午餐定食，午後是甜點，晚間是酒吧。除了啤酒和各種軟飲外，還有法國紅酒和廣島釀製的專供日本燒酒。我因最近生病，生活節奏變緩。不知怎的，每每在家中翻開一本攝影集，常會聯想到東京的寫真集食堂。想著在那間與我相隔一個時區，位於美術館畫廊林立、距六本木使館區僅一箭之遙的繁華街中的文藝空間，邊吃咖哩飯，邊自酌，翻閱同一本攝影集時，會是一種什麼樣的感覺？

會因周遭的環境，感到自己置身於攝影史之中而對那些史上赫赫有名的作品及膠片背後的故事切入更快，理解更深嗎？

得，又想去吃咖哩飯了。

筆者收藏的飯澤編寫的部分著作。

Tokyo

輯二

東京文學地圖

1 上野

如果說東京站是東京的門戶的話，那麼，上野站則是關東的玄關。從關西方面進京在東京站下車，而上野站則是東北新幹線的始發站。東北地區，在日人的意識中，有「老土」的意味。日語的「onoborisan」[1]，原意是進京的人，直譯就是「土老冒」，據說最初就是指來自東北地方的進京者。車站大廳中央立有一座圓形金屬碑，刻有出身於東北地方岩手縣的詩人石川啄木的一首短歌：「好懷念家鄉的口音。去停車場的人海中，傾聽。」

與紅磚洋風的東京站相比，上野站也確實顯得過於樸實無華。出了上野站的公園口，過一條小馬路，就是著名的上野公園（日本最早的公園，全稱為「上野恩賜公園」）。入口處，矗立著一尊西鄉隆盛的銅像。以此為中心，方圓兩三公里的地界，可以說是日本近代文學的發祥地。岡倉天心、夏目漱石、正岡子規、森鷗外、樋口一葉、芥川龍之介、竹久夢二……

1 即「お上りさん」。

這些光耀近現代文學史的名字，無一不與這塊地界發生過深刻的「黏連」，乃至一個半世紀過去，他們的面影仍清晰可見——在不忍池畔，在溫泉旅館，在尋常巷陌的下宿屋，在闃寂無人的墓地裡。

文人騷客雲集之地，自然少不了酒肆茶屋。位於池之端廣小路的居酒屋「酒悅」，創業於延寶元年（一六七三），至今已有三百四十年的歷史。昔德川家康為了鎮護江戶城，在相當於「鬼門」的忍岡（上野公園內的一處山地）上建寬永寺，號稱東叡山，作為天台宗的總本山。在寬永寺山下的不忍池畔，建了三間香煎茶屋：分別命名為「酒好」、「酒袋」和「酒悅」。前兩家早已完成了「歷史使命」，關張大吉；唯「酒悅」得以延續，至今食客盈門，終年無休。其看板料理福神漬和海苔佃煮，被認為是典型的「江戶之味」。明治維新前夕，「酒悅」第十五代店主野田清右衛門為真情回報老主顧，嘗試改良茶泡飯中的配菜漬物，以蘿蔔、蓮藕、蜂斗菜、竹筍、黃瓜等七種食材為原料醃製，頗受稱許。後被幕末時期作家梅亭金鵞借傳統七福神的寓意，命名為福神漬，成了江戶名物。

「從動物園前面東照宮（寬永寺的別稱）的一個鳥居裡橫穿過去，就進了精養軒的後門。」早年留學德國的森鷗外在自傳體青春小說《青年》中，描寫了文青純一和醫學院大學生大村的交遊。在字裡行間，有意無意地向讀者普及西洋文明的知識，從西餐中刀叉的擺法到社交場上洋禮的規矩。上野公園內的著名西餐店精養軒，正是這樣一個文明開化的舞台。明治五年（一八七二），精養軒始建於築地，起初業績平平。四年後，遵從曾巡迴考察歐美諸國制度文化的岩倉具視的建議，在能俯看不忍池的上野忍岡建分店，同時兼營酒店業，果然風生水起，成為政、財、文藝三界的頂級社交場，不僅岩倉具視、伊藤博文、後藤新平、大隈重信、澀澤榮一等日本未來進路的「設計師」們頻頻在此餐聚，甚至還曾蒙明治天皇和皇后兩陛下的行幸。彼時，日本人剛剛開始吃牛肉、喝牛奶的西化生活，精養軒可以說是日本西餐的濫觴，曾輩出過包括皇室料理人在內的頂尖西餐大廚。森鷗外和夏目漱石均留過歐，是日本的洋派文豪，自然少不了來此饕餮。

除了上述鷗外的小說《青年》，精養軒也曾在漱石的長篇小說《三四郎》中出現。而且，不僅是小說，鷗外的現實私生活也與這家店密切相關。剛從德國學成歸國時，熱戀中的日耳曼金髮女友乘船追來，鷗外唯恐家中知道自己談了「鬼佬」女友，便金屋藏嬌於精養軒。另一位文豪谷崎潤一郎早年學業優異，但由於家境貧寒，進學之際，捉襟見肘，困窘不堪。精養軒第三代店主北村重昌富而俠義，惜其文才，伸出援手，谷崎得以寄食北村公館。然而不承想，多情的文青卻愛上了同在北村宅邸中學習禮儀做法的年輕女性，不得不搬了出去。日後，作家把這段經歷寫進了小說。上野，正是這樣的地方：它是現實的，卻又無往不在文學史中。

一個深秋的午後，空氣清冽，天藍極了。陽光打在金黃色的銀杏街樹上，然後在柏油路面上瀉下一地明暗斑駁，於是整條馬路都成了黃金綬帶。想到隔海相望的「霾都」，我報復性地大口深呼吸。進上野公園，沿步道蹓躂，看了兩出街頭賣藝，一是默劇，一是雜耍。表演者不僅演技了得，且台風極「正」，表演兼主持，態度不卑不亢，堪稱「德藝雙馨」，令作為海外觀光者的筆者，在每一處各往翻過來的帽筒裡丟五百日元硬幣竟有些羞慚。

上野公園不是一般意義上的公園，是藝青的聖地，除了日本藝術最高學府東京藝術大學外，還有五座美術館、博物館，一座圖書館及一座劇場坐落其間。原本打算把幾間美術館「一網打盡」，但時間有限，陽光又是如此誘人。藝術與自然「交戰」的結果，五座美術、博物館妥協到兩座（東京都美術館和國立西洋美術館）。日本的美術館，規模超大，展示內容充實到超乎想像的地步，一座美術館的特別展和常設展統統看過的話，大半天到一整天不在話下。

迎著日光，一路下山，至不忍池畔。荷花已敗，黃燦燦的殘葉漂在湖面上，像睡蓮，天鵝和不知名的野鳥浮游其間；高中生們繞湖長跑，中年畫家在路椅上寫生；拾垃圾的流浪漢，把飲料瓶、廢報紙和舊雜誌分門別類，打包入袋，載到停在路邊的小型卡車上，然後走到自動販售機旁，投幣買一罐熱咖啡，邊抽菸邊優哉游哉地讀起了當天的《讀賣新聞》……這熟稔的風景，竟然與我二十多年前初見時一模一樣，簡直分毫不差，時光彷彿停滯了——這也是那個國家最令人不可思議之處：骨子裡相當保守，保守到基本拒絕改變，無論好壞。所以，你才會見到延續千年的老店、作坊，還剩七家；延續二百年以上的公司，還有三千多家；而百年老店，則有超過兩萬兩千家的全世界獨一無二的「保守主義」傳統。

不忍池的東岸，有一條小路，實際上是直通淺草的中央通的岔道。沿此路北上，過了東照宮的鳥居，再往前半里地的樣子，便到了池之端三丁目，路邊是水月飯店。這是一家著名的溫泉旅館，亦稱鷗外莊，旁邊立有一石柱，上書「森鷗外舊居跡」。明治二十三年（一八九〇），從德國學成歸來的森鷗外終於告別舊日孟浪，與海軍中將赤松則良的長女登志子婚後，作為倒插門女婿，住在位於上野花園的赤松宅邸，即今天的鷗外莊。作家在此生活一年有半，直至與登志子離婚，遷居本鄉駒込。因在此期間，曾執筆小說《舞姬》，故彼時作家寫作的房間，被命名為「舞姬間」，對外開放，遊客可在此用餐、泡湯。中庭有樹齡逾三百年的椎樹、逾二百年的黑橡樹和刻有鷗外筆跡的石碑，屋脊緣廊、雕梁畫棟、石板小徑，無不透著文明開化之初明治年代特有的浪漫氣息。

過了鷗外莊繼續北上，頂頭左拐，是東大附近的

上野公園的街頭藝人，功夫了得。

言問通，再向西直插就到了根津。時值午後四時許，斜陽西掛，霞光萬道，一條小街向西無限伸展。道路兩邊的民居，高低錯落有致，白、灰、咖啡色的牆體和屋頂的琉璃瓦在夕陽下閃爍，店家的暖簾隨街樹在風中搖曳。街上幾乎無人，偶有車輛駛過，但引擎像裝了消音器似的，悄然無聲，只是偶爾從不知什麼地方傳來烏鴉的叫聲，像極了小津安二郎電影中的街景，令人聯想到《三丁目的夕陽》中的昭和小鎮。過了根津一丁目的交叉點再往前三百米，然後折入左手的一條胡同，便到了東大本鄉校區的彌生門。彌生門斜對過，有一棟精緻絕倫的紅磚洋樓，雖然只有三層，相當「袖珍」，卻是兩間著名美術館共用的建築：彌生美術館和竹久夢二美術館——均為私立美術館，由律師鹿野琢見分別於一九八四年和一九九〇年創設，主要展出鹿野本人終生收藏的高畠華宵和竹久夢二這兩位大正時代畫家的肉筆畫真跡。門票通用，館內有通道可彼此穿行。一樓大廳的禮品店兼咖啡座「港屋」，承襲了夢二髮妻他萬喜曾幾何時在日本橋所開的精品店的名字。

按說筆者在東瀛各地，泡的美術館不可謂少，但

彌生美術館和竹久夢二美術館之外觀。

從未發現一個地方有竹久夢二美術館那樣的範兒。什麼範兒呢？大正範兒，或曰「大正浪漫」範兒——觀眾中，女性遠多於男性；女觀眾中，著和服者明顯多於穿便服者。當我看完展覽，走進因狹小而略顯擁擠的「港屋」購買禮品時，眼前一片釵光鬟影。一襲襲明豔的吳服，嫋嫋娜娜，呢喃軟語著，纖纖玉手挑選著禮品。細加端詳，不由得大吃一驚：瘦臉、蒼白、大眼、長睫，面帶某種無辜而哀怨的表情，彷彿個個都是從夢二畫中走出來的「夢二式」美人！

觀展的女性多身著和服，別有意趣。

2　田端

從上野乘山手線，沿內環向西北方向行四站，便到了田端。這一帶是東京都的北區，是曾出現在魯迅筆下的僅有的幾個東京地名之一：「從東京出發，不久便到一處驛站，寫道：日暮里。不知怎的，我到現在還記得這名目。」魯迅在〈藤野先生〉中提到的中土古風的車站——日暮里，就在田端的邊上。周作人與胞兄，有著大體差不多的日本經驗，他曾作文回憶「與妻及妻弟往尾久川釣魚，至田端遇雨，坐公共馬車（囚車似的）回本鄉的事，頗感慨系之」。[1]

田端，顧名思義，「田圃之端」。江戶時代便有豐島郡田端村，據《東京府村史》記載，「全村以農為業，營他業者無」。農地分水田、大根田和蔥田，谷田川從南邊靜靜流過，高地上是雜木林，鬱鬱蔥蔥，林間生息著狐狸等野生動物……直至明治初期，仍是一幅「阡陌縱橫，雞犬之聲相聞」的田園圖畫。明治二十二年（一八八九），隨著上野的東京美術學校（即今日本藝術最高學府東京藝術大學）開校，上野周邊出現了一些畫塾、研究所和畫材店，吸引了一批畫家和藝青賃屋下宿，建畫室、工作室。

田端最早的「移民」是陶藝家板谷波山和畫家小杉放庵。接著，有思想家岡倉天心、雕塑家吉田三郎、小說家直木三十五等跟進。大正三年（一九一四），小說家芥川龍之介遷入。三年後，又迎來了詩人室生犀星。芥川和犀星都是明星範兒十足的作家，他們的選擇具有很強的示範效應。於是，又一批作家、藝術家追蹤而至：菊池寬、荻原朔太郎、中野重治、野口雨情、小林秀雄、竹久夢二、岩田專太郎，等等，一時蔚為大觀。田端文士村——這個東西長約一公里，南北不足一公里的小鎮，盛期時有百餘名作家、詩人、畫家「詩意地棲居」，成為二十世紀初葉東亞社會絕無僅有的人文景觀，堪比塞納左岸的蒙帕納斯。

室生犀星從東北地方的金澤進京後，曾四處輾轉，數度搬家，但始終沒離開過田端。犀星的友人、詩人荻原朔太郎說：「對室生君來說，沒有比田端的風物和環境更趣味相投的了。他賴以棲居的景色中，剛好

1　見〈懷東京〉。收入《周作人文類編・日本管窺》，湖南文藝出版社一九九八年九月第一版，第六十九頁。

有他的『詩』。室生君與田端的風物，不啻以一種最必然的聯想結合在一起。以至於究竟是室生君居於田端，還是田端住在室生之中，幾乎難以從表象上區分。總之，田端與犀星的鄉里金澤極其相似：那種寺廟的味道、味噌湯的味道，陰氣的、溼乎乎的金澤的延長，剛好就是田端和根岸邊的風物。恰恰在這樣的所在，有一個玩味著俳味和風雅的金澤人室生。」犀星自己，則把田端稱作「第二故鄉」。在四席半的下宿屋中，他編輯文學純刊物《感情》，寫下了一生的代表作，甚至為田端中學校寫了一首校歌，傳唱至今。

昭和二年（一九二七）七月二十三日，田端四三五番地（今田端一丁目附近）。帝都猛暑，史所罕見。入夜，終於降雨，連日的酷暑有所緩解。凌晨一點半，芥川龍之介換上在中國旅行時買的睡衣，準備就寢，在被窩裡打開了《聖經》。清晨，睡在隔壁的妻子感覺有些異樣，推門進屋，大驚失色：丈夫面無血色，呼吸艱難，胸前放著一封遺書。即刻喚來醫生，遂告不治——這位三十五歲的敏感而脆弱的天才、大正文壇的寵兒，夙夜傾聽夜雨，未明時分仰藥自盡。作家留下的遺書表明，除健康原因外（芥川生前患有胃潰瘍和重度神經衰弱症，長期失眠），對時代和未來感到某種「恍惚不安」，應該是作家奮而自戕的主要原因。芥川之死是一個隱喻：在一個不確定性陡增的時代，「不安的哲學」在增殖。同時代作家廣津和郎在談到困擾芥川的「不安」時說道：「那是彼時始終纏繞著我們的，無處不在卻又揮之不去的一種情緒。」芥川死後第三天，在九州地方的熊本市，一名二十四歲的青年在作家的遺像前用剃刀割斷了喉嚨。兩年後，世界大恐慌，日本經濟遭重創；四年後，九一八事變（日稱「滿洲事變」）爆發，大陸戰色越濃；翌年，發生五一五事變，日本一頭紮進法西斯化的不歸路……從一抹「恍惚不安」，變成眼前活生生的恐怖，僅用了幾年時間。

芥川舊居，離今天的田端車站不遠，從南口出站徒步只需五分鐘。當時的賃屋，在一九四五年四月的東京大空襲中遭破壞。修復後，因芥川後人未能購入，結果被分割成三間，據說院牆和一扇通向廚房的通用門至今仍保持著當年的原狀。芥川在此間寓居三年，寫下了《羅生門》、《竹藪中》等傳世名作。

從車站北口出站，旁邊就是田端文士村紀念館——

由東京都北區文化振興財團管理的文學博物館。通常，每月第三個週六，都會有紀念館組織的文學散步活動：先參觀紀念館（約一小時），然後是文士村散步，有講解，帶導遊。因係公立設施，一律免費，參加者只需提前預約。如此，兩三個小時下來，百年前文豪、巨匠的面影重現眼前；一道道巷子、一間間老鋪、一面面看板和暖簾，彷彿是一部近代文學史劇中的舞台和道具，不停地上演著興衰更替、榮辱情仇。

一個秋風瑟索之夜，我從作家麻生晴一郎位於田端附近的倉庫式（Loft）宅邸告辭回酒店。燒酒的後勁兒尚未盡褪，頭頂上星河燦爛。在東尾久三丁目站，揮別了作家夫婦，乘上都電荒川線的橘黃色電車——東京僅存的市區路面有軌電車。乘客寥寥，車廂上方有光線柔和的閱讀燈，車窗外是都會的萬盞霓虹競相綻放。車站短且密，停車和啟動時，會響起「叮叮」的提示鈴聲，東京人管這條線路叫「叮叮電車」。當超萌的叮叮電車自東向西橫切過「下町」，抵達終點站早稻田時，筆者有一種非常穿越的感覺：不足半小時的車程，彷彿穿過了整個江戶城，穿過了一部日本近代文學史。

從友人、作家麻生晴一郎（中）家的大陽台上俯瞰「叮叮電車」駛過，有種很強的穿越感。

3 馬込

從京濱東北線的大森站山王口出站，向左下一條坡道，大約走十來分鐘的光景，右手邊就到了天祖神社。沿著神社邊上的小路，穿過木原山，見瓣天池，再順著谷中通（即現在的首都環狀七號線），一直朝山王方向北上，就到了馬込。

荏原郡馬込村，是從江戶時代便「古已有之」的地名。丘陵地帶，地勢蜿蜒起伏，低地是水田，台地是旱田，四周為雜木林環繞，「大森」不僅是作為「天領」[1]的地名，更是此間自然風物的寫照。明治十年（一八七七），美國人類學者愛德華・S・摩斯偶然發現了大森貝塚，明治政府立馬跟進，展開了最初的現代意義上的考古發掘調查，從而把地域的歷史一下子遠溯至史前時代。昭和四年（一九二九）五月二十六日動工的國家遺跡大森貝塚的石碑，至今仍立在大森車站附近NTT資料山王大廈的旁邊。傳說馬込有九十九道谷。曩昔，室町中期的武將、江戶城的奠基者太田道灌曾想在此地建築城樓，但山谷之數的「九十九」，在日文中與「苦重苦」同音，恐不吉，遂作罷。村落景觀的「豹變」，是在關東大地震之後。巨震對東京的破壞是摧毀性的，但也帶來了帝都重建的契機。田圃被填埋，雜木林被砍伐，代之以面向白領上班族的成片「文化住宅」[2]。昭和二年，馬込村正式更名為馬込町，成為東京南郊的一個新興衛星城——彼時，正值日本現代史上最早一波城市化。

在關東大地震之前就在馬込賃屋而居的作家尾崎士郎親眼見證了這種歷史性變遷，並在小說《荏原郡馬込村》中記錄下了來：

> 現如今，所有的風景為之一變。雜木林被連根拔走，圓潤的山包被斜著削去，裸露出赭土的肌膚。那曾幾何時會發出幽玄之音的竹林，變成了新的網球場。滿載著赭土傾斜面的山土的大卡車呼嘯而過的聲音，近四年來始終不絕於耳……就這樣，村子的風致，被這群翻過一個山坡，蜂擁而至的新入侵者們漸

1 即江戶幕府直轄的領地。

2 大正後期到昭和前期流行的一種簡易的和洋折衷住宅樣式。

次瓦解。夾著街道，兩側在遠處重疊在一起的小山谷——日暮時分，薄霧降下，從谷底會飄來柯樹新葉的清香。而今，谷間的土地已平整完畢，面向出租的文化住宅的鍍鋅鐵板屋頂在十月午後的陽光下，反射著新粉刷的油漆的顏色，與被蘿蔔田的青綠色線條點綴的坡度和緩的山丘，迥然一分為二。新鋪的石漫小路，像蛇一樣，蜿蜒伸展開去。

尾崎所描繪的，是文學家之眼所看到的東京重建。這種重建，當然是以牧歌式的田園生活的漸行漸遠為代價的——自然的消失，換來了大片開發的「文化住宅」，谷中一帶成為新型住宅團地的典型。同樣的記錄，在史家的筆下，雖然沒那麼詩意，但卻客觀得多。如歷史學者、大阪產業大學教授竹村民郎在《大正文化——帝國日本的烏托邦時代》中寫道：

> 大正十二年（一九二三）的關東大地震後，東京郊區獲得顯著的發展，東京的交通機關以此為契機，積極往郊外發展，建立起「衛星住宅都市」。擁抱兩百萬市民而膨脹的大東京，就像巨大的怪獸般咆哮著、不分晝夜地不斷活動著，成為孕育新的生活風格、文化，以及新市民精神的母胎。

但無論是「當事者」的尾崎士郎，還是「旁觀者」的竹村民郎，對那一波都市化運動，其實基本都是持正面評價的。尤其對前者而言，若是沒有那一波都市化，也許根本就不會有後來的「馬込文士村」。

尾崎士郎和宇野千代是文士村的核心人物。大正十二年，兩人共同入選《時事新報》的小說懸賞徵文，宇野的小說〈脂粉之顏〉[3]榮登榜首，尾崎的作品〈自獄中〉[4]屈尊榜眼。以此為機緣，同歲的兩人惺惺相惜，遂在馬込村中井賃屋同居。後又在一片菜地的正當間兒，覓得一間納屋（農人置放農具的倉庫），加以翻建、改造，共築愛巢。晚年，千代在《我的文學回想記》中寫道：「馬込的大根田中，突然冒出一爿萵草屋頂的風雅小屋來，是那年秋天快到頭的時候。家中的一半闢為土間，座敷有六張榻榻米大，沒廚房，炊事就在屋後的房簷下料理。」但就是這間風雅

3 〈脂粉の顔〉。

4 〈獄中より〉。

茅廬，卻成了文士村的沙龍。尾崎其人人緣極好，「唯一的缺點，就是過於招人喜歡」。賓客如雲自不在話下，且每有訪客，必以酒相待。推杯換盞之間，話頭不斷，八卦迭出。據士郎在自傳性小說《空想部落》中描繪，「村中事，事無巨細，統統會傳達到他（士郎）的書齋。然後經過胡扯和誇張的加工，眼瞅著就在村中四散開來」。由此，士郎千代伉儷的蝸居，被文人街坊們戲稱為「馬込放送局」。為士郎贏得巨大聲譽的作品是《人生劇場》，在報上連載後出版。可付梓之初，卻波瀾不驚。後經同屬馬込文士一員的友人、川端康成書評推介，竟熱銷不已，一躍成為當年度的大暢銷書，也奠定了尾崎士郎在現代文學史上不動的地位。

「杯酒下肚，不分你我」——這是尾崎勸誘作家同好遷居馬込的公關廣告。川端康成、室生犀星、山本周五郎、衣卷省三、荻原朔太郎，加上女流作家佐多稻子、吉屋信子、村岡花子，等等，幾乎都是被士郎千代夫婦給「忽悠」來的。戰後，山本周五郎回憶，「積壓最多的，不是欠稿，而是酒單」：

現在想來，我甚至覺得，在酒屋的帳單之外，還真沒有讓我如此操心之事——到除夕夜，都不能平帳。我又是個不會找巧妙託詞的人，只有笨嘴拙舌地對人家賠不是，三河屋的老爺子一時間也確實沒給我好臉色。倒也未必是什麼商法的心機，實際上老爺子自己似乎也有難言之隱。反正，他馬上又變得和顏悅色起來，問我：正月裡給府上送多少酒去合適？

山本清楚地記得自己還欠著酒家十五元的酒單，也從尾崎處聽說他自己所欠的酒錢。「除此之外，其它掛帳還有多少，就不清楚了。但背著所有這些債權，一天深夜，三河屋的老闆竟夜逃了。」多年後，在一個通常會發愁如何面對老爺子，琢磨怎麼編藉口、賠不是的年根之日，山本作家深情道白：

三河屋的老爺子哎，您如果還健在的話，請告知所在地。此時，我在這年關的黃昏，由衷地祈願：請讓我把那時酒單的餘額一併來埋單吧。

除了喝酒，尾崎士郎酷愛相撲。他組織了一個大森相撲協會，定期稽古（日文，意為「練習」）。位於山王的尾崎士郎紀念館中，藏有一幀稽古的照片，五位赤身露體，只繫一條兜襠布的「力士」正在做稽古前的準備動作。從左至右依次是：今井達夫、尾崎士郎、中村武羅夫、山本周五郎和鈴木彥次郎。

馬込文士村，是一個鬆散的團體，成員們的政治立場和趣味各異，互動有疏有密，有一搭無一搭，特像一個文藝「異托邦」（Heterotopias）。成員中除了小說家和詩人外，還有不少藝術家，其中不乏在現代藝術史上地位顯赫的大家，如小林古徑、川端龍子、伊東深水、川瀨巴水等。藝術家們組織了一個「大森丘之會」，在大森站附近的一間旅館裡定期辦展，盤道。也多虧了他們的畫筆，描繪和保存了大正時期到昭和早期馬込一帶的「原風景」。視覺的記憶最易顛覆——不出幾年光景，諸如蘿蔔田裡的風雅茅廬等牧歌式鏡像，就在關東大地震後的帝都重建中面目全非了。昭和五年（一九三〇），隨著尾崎士郎與宇野千代的分手，「馬込文士村躁動的青春期也結束了」（作家野田宇太郎語）。

戰後的馬込文士村，比戰前要寂寞許多，但仍有

三島由紀夫的「白亞之館」，也是很多藝術作品的舞台。細江英公攝影集《薔薇刑》，平成二十年十一月復刻版，攝影家簽名限定本 226/500。

如劇作家、現代文字改革運動的宣導者山本有三等重量級文人陸續遷入，並輻射能量。一九五九年，年僅三十五歲、聲名如日中天的三島由紀夫在南馬込的富士塚斥巨資興建了一幢西班牙風格的洋館——「白亞之館」。在這座純白色的、如童話般致幻的豪宅裡，作家完成了日本文學史上劃時代的作品——《豐饒之海》四部曲。

一九七〇年十一月二十四日夜，從於港區新橋的餐館「末源」舉行的「辭世宴」回到家中，三島像往常一樣，關在書齋裡，伏案完成了《豐饒之海》四部曲之最後一部《天人五衰》的最後一章的結尾：

> 此後再不聞任何聲音，一派寂寥。園中空無一物。本多想，自己是來到既無記憶又別無他物的地方。
>
> 庭院沐浴著夏日無盡的陽光，悄無聲息……

然後，端端正正地署上了「三島由紀夫」的名字；落款時間，寫成了「昭和四十五年十一月二十五日」。

翌日（一九七〇年十一月二十五日），三島比平時早起，入浴，修面，繫好六尺的兜襠布，沒穿襯衣，

篠山紀信攝影集《三島由紀夫的家》，美術出版社，一九九五年十一月十日初版。

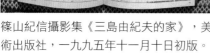

直接披上盾會制服，開始整理出門攜帶的東西：短刀、匕首、標語、檄文，一絲不亂，最後拿出了那把十七世紀的日本名刀「關孫六」。臨出門前，又折入書房，在一張白紙上寫了兩句話：

生命誠有限
但願能永生

十點整，三島走出家門，與駕駛轎車前來迎接的四位盾會會員匯合後，一起驅車前往位於市谷本村町的陸上自衛隊營地。一小時後，策動了著名的「三島由紀夫事件」，三島切腹自戕，舉世震驚。

今天在馬込一帶閒逛，經過南馬込四丁目三十二番八號時，會發現鐵門前的水泥牆上，鑲著一塊細長的銅製表劄，表劄上嵌著五個凸起的黑體字：三島由紀夫。「白亞之館」成了三島最後的家。他在此活了大約十年，得年四十五歲。

4 池袋

與六本木、表參道、下北澤等標籤化的小資聖地不同，在一般日本人的心目中，池袋也許並不是那種超小資的地界。但審者自知，池袋的一部文化史就擺在那兒。

與新宿、澀谷並稱三大都心之一，池袋站是東京都內最大的車站之一：有八條城鐵（地鐵）路線在此中轉，每天吞吐近三百萬人，站內有上百個出口，店鋪林立，恍如迷宮。傳說在今天的西池袋一丁目一帶曾有過一個袋狀池塘，這成了地名的由來。後池塘縮小，終被填埋，在原址附近建了一座池袋史跡公園，供人憑弔。從古時武藏國豐島郡有「池袋村」的建制及戰國時代役所的文書中也出現過「池袋」來看，至少在中世，便有了池袋的地名。明治時期，一八八九年開始實行町村制，此地被劃為巢鴨村。巢鴨——這個位於池袋以東，相隔僅兩站地的山手線車站，舊時反而是更大的地盤，很多冠以「巢鴨」、「西巢鴨」的地名，其實都未必在巢鴨。著名者，如戰後曾關押過東條英機等七名甲級戰犯並執行了絞刑的巢鴨監獄，原來就位於東池袋三丁目，一九六二年被廢止，原設施拆除。在上世紀七〇年代的開發熱潮中，原址上建起了超大型綜合設施陽光大廈（Ikebukuro Sunshine City），地下四層，地上六十層，是上世紀八〇年代東京都的地標性建築。

池袋跟新宿、澀谷一樣，即使在「過度開發」的東京，也是為數不多的幾個有相當「質感」與「張力」的「城中城」。什麼意思呢？簡而言之，就是城市功能分區，合理配置，且有縱深感。如車站前是繁華的商業區，高檔百貨店、品牌店鱗次櫛比。東口的明治通兩側，有很多小劇場和電影院，東急、東映、松竹、地球座，等等，還有輩出了伊丹十三、山田洋次、役所廣司等名導名角兒的舞台藝術學院。池袋演藝場坐落在一個廣場上，是一座後現代風格的建築，裡面的寄席（日式說書場），是東京絕無僅有的觀眾可坐在榻榻米上聽落語（日本曲藝，類似單口相聲）的場所。一九八九年以來，由該地區大大小小十二座劇場、電影院於每年九月聯合舉辦的一年一度的池袋演劇祭，堪稱映畫青年跳龍門的「窄門」。東口站前公園旁邊的池袋溫泉，天然鹼性，據說對神經痛、皮膚病有特效。再往深處，是一間挨一間的小料理屋、酒吧、風俗店，平時白天很安靜，當看到三三兩兩的上班族領結鬆到胸前、西裝搭在肩膀上、步履踉蹌的姿態時，你就要小心末班地鐵的時間了——夜池袋有魅惑而危險的一面。

藝術與文化，一向是池袋的名片。從池袋站西口到山手通一帶，舊地名叫長崎町，二戰前曾是著名的畫家村，史稱「池袋蒙帕納斯」（Ikebukuro-Montparnasse）。大正末年，隨著關東大地震後的重建和鐵道（即今東武東上線前身的東上鐵道和今西武池袋線前身的武藏野鐵道）的通車，這一帶被開發，建了大片帶天窗、高屋脊的房子，吸引了眾多畫家、藝青來此賃屋而居。除了畫家，還有雕塑家、音樂家和詩人，其中頗不乏後來成大家、巨匠的名家。畫家們和雕塑家們白天貓在畫室裡作畫，晚上出來縱酒歌歡。彼時的日本，正走出「大正民主」的開放氛圍，一步步陷入昭和前期的泥沼，戰雲密布，輿論收緊。在惡名昭著的《治安維持法》的籠罩下，「維穩」形勢空前嚴峻，「特高」員警無處不在，連空氣都充滿了壓抑。在這種狀況下，池袋西口畫家村不啻為一個另類的存在，是一群波希米亞人在「大正浪漫」的餘緒中「戴著鐐銬的舞蹈」，是暗黑時代的「抱團取暖」。詩人、漫畫家小熊秀雄在池袋美術家俱樂部第一回畫展的圖錄中曾寫道：

從我們的先祖開始
人群居而生
如今孤獨一人，會走向滅亡
侃大山呀聚會呀什麼的
茲事體大，意味深長
與色彩和線條相伴的畫家生活
縱然戀愛，塗好底色才是關鍵

正是這位天才詩人，在一九三八年的一篇隨筆中，偶然用了「池袋蒙帕納斯」的表達，無意中成了這個現代藝術史上重要現象的命名者。

戰後，作家野田宇太郎重訪池袋，「……從新宿乘山手線在池袋站下了車，我分開像黑色漩渦似的雜遝的人群，穿過長長的地下通道，到了西口廣場的前面」。看到眼前象徵著經濟高增長的摩天大廈林立和大廈間雜草叢生的空地，平生時空錯亂之感：

我朝著闊別已久的立教大學方向躑躅。看到大樓的陰影中，雜草在風中搖曳，我覺得池袋到底還是一處「幻想的田園」。

所謂「幻想的田園」，是戰前也曾在「池袋蒙帕納斯」棲居過的詩人三木露風的一部詩集名。

二〇一三年初冬的一個下午，天氣晴好。我沿著野田宇太郎的路線漫步池袋。從西口再往西走大約五分鐘，見左手有條細道，入口處有一個派出所，路牌上寫著「立教通」。立教大學作為「東京六大」（東大、早大、慶應、明治、法政、立教）之一，是一所歷史悠久的教會學校。讀日本文化人的回憶錄（忘記是誰的了），說從車站到立教校園的通學路上，能看到身穿教會學校校服的立教大學和立教附中的女生花枝招展的身影，「宛如時裝秀」。興許是放寒假的緣故，路上行人寥寥，筆者竟無緣見識教會女生的時裝秀，遺憾之至！

沿立教通步行七、八百米，便看到立教大學的正門。跟日本所有大學一樣，完全是開放式的，外人可自由出入。主樓前的廣場上有兩株巨大的喜馬拉雅杉樹，修剪成塔形，一左一右。整飭的形狀、嫩綠的針葉，在旁邊火紅的楓樹映襯下，煞是好看。紅磚結構的主樓只有二層，中間是鐘樓，牆上爬滿了常春藤。穿過主樓的門洞往裡走，是現代風格的教學樓，雖然是鋼混結構，但外牆均飾以類似紅磚的裝飾材料，整座校園風格高度協調。我想看一下校史展覽，看一看有沒有對周作人的記載，可問了倆學生，卻都不得要領。礙於時間，也無法久留，於是便從自動販售機裡買了一杯熱咖啡，坐在一棵大榕樹下的長凳上，邊喝咖啡，邊想像百年前周作人在此間讀書時的面影。從頭頂的樹上傳來烏鴉的叫聲，眼前的草坪上，鴿子和不知名的野鳥在悠閒地散步、覓食……我對周作人的想像也終於不得要領。

回來的路上，路過一家舊書店，店幌上寫著「夏目書房」。進去一看，藝術書籍所藏頗豐，筆者所研究的竹久夢二竟有一個專櫃。翻了四十分鐘，購書八種，一半是夢二。其中一本《夢二畫集》，是明治

位於池袋立教通上的「夏目書房」。

周作人曾留過學的立教大學是「東京六大」之一。

位於神保町鈴蘭通上的「波希米亞」書房（BOHEMIAN'S GUILD）。

四十四年洛陽堂初版的復刻毛邊本，品相堪稱「完璧」。結帳時，才發現店主是一位慈眉善目的老太太，戴著老花鏡，坐在櫃檯裡看書。見我買了不少竹久夢二，便問我怎麼會喜歡夢二。我說我曾寫過夢二的評傳，分別在中國大陸和台灣出版，她更吃驚了：「中國人也喜歡夢二，這真是太好了！夢二的作品，讓人越看心裡越靜，真真是好東西……日本的文化，多來自中國，可居然就跟中國打起仗來。唉，真搞不懂……」

臨走時，老太太執意送我一冊印製精美的古書目錄《波希米亞通信》，是二〇一二年十月的最新版，說上頭網羅了本店和分店的全部精品收藏。我一聽還有分店，連忙打聽所在。老太太指著目錄上「波希米亞」幾個字說：「就在神保町。噥，就是這個店名。」這下輪到我吃驚了：因為那家位於神保町鈴蘭通上的「波希米亞」書房（BOHEMIAN'S GUILD），是筆者從十幾年前「人在東京」時便常常光顧的藝術書店，老闆是一位英俊的青年，姓櫻井，跟我還交換過名片。

我問：「櫻井先生是您什麼人？」

「我兒子，老二。」老太太答道。

「原來如此。請代問他好。過一兩天，我就去店裡看他。」

老太太一個勁兒地點頭，致謝，然後走出櫃檯，直把我送出門外。我還禮，告別老人。待走出十米開外，再次回頭揮別時，見老太太還在向我鞠躬。

5 下北澤

東京作為一個大都會，好就好在它有不同的表情：既有新宿、澀谷的現代繁華，又有上野、日暮里的古風質樸；既有赤坂、銀座的紙醉金迷，又有御徒町、新橋的平民氣質；有六本木、表參道的洋派，有日本橋、淺草的和風，有秋葉原、原宿的後現代，有神田、神保町的書卷氣……而在這諸多表情中，不能不提下北澤。

下北澤的氣質，一言以蔽之，就是——好文藝！到底文藝在哪兒呢？這麼說吧：下北澤是演劇街，小劇場、電影院林立，一出車站，到處可見設計風格前衛的舞台劇、音樂劇海報，時而還能碰見扛著道具，戲妝都來不及卸的演劇青年、美少女；下北澤是音樂街，彈丸之地，竟有數十家爵士酒吧，身背木吉他、中提琴的藝青碰鼻子碰眼；下北澤是青春的街，幽會「熱穴」（Hot Spot），連空氣中都充滿了荷爾蒙的味道。從時尚雜貨店，到兼營舊書、舊唱片的咖啡屋，從古董店、二手服裝店，到居酒屋、路邊的地攤兒，幾乎一水兒是青年人在運營、消費。不到下北澤，不知青春為何物。到了下北澤，才能體會青春不再的痛感。

凡青年人紮堆兒的地界，必是交通便捷之所。道理簡單：因為年輕人沒錢，窮忙，對效率有近乎嚴苛的要求，而下北澤再合適不過。車站月台的正上方，能看見小田急線與京王井之頭線呈「X」型交叉，前者連結新宿與小田原，後者連結澀谷與吉祥寺。到新宿七分鐘，到澀谷只需四分鐘，在地理上，下北澤可以說是都心的中核。與池袋、新宿等超大型「城中城」不同，下北澤是一個袖珍街區。以世田谷區北澤二丁目為界，充其量只有方圓一里地（華里），借用日語的表達，是「貓額」大的地界，但卻是一塊超小資的飛地。除了車站南口旁邊，有一幢容納了本多劇場和世田谷區一座公立小禮堂的十二層樓宇外，絕大多數建築只有二到三層。走在街頭，覺得天際線好開闊。整個街區是步行者天國，除了偶爾有自行車叮鈴駛過，連紅綠燈都見不到。窄窄的馬路上，到處是閒逛的男女。人們呈「之」字形，隨意地穿行其間，似乎要將道路兩側的店鋪「一網打盡」。不過，彈丸之地分布著大大小小一千五百餘家各具特色的店鋪，「一網打盡」談何容易！

說到下北澤的店鋪，不能不提「雜貨屋」。說是雜貨，但卻不同於通常的雜貨鋪，實際上是精品店。首先是明亮。也不知是何種燈具，使店鋪中的任何位置，都能得到均勻且極亮的照明，全無死角。其次是商品擺放率性而為，愛誰誰，完全無厘頭。譬如，燭台和木質小皿的旁邊，是女性圍巾、手套。上方的貨櫃上擺著幾種口袋本書籍，書籍邊上是唱片，而唱片的後面，立著幾只木吉他……店中完全不辨方位，密集的貨架中間，闢有窄窄的通道，勉強僅夠兩個人側身通過，卻沒一條是直的，乃至收銀和出口在什麼位置，都需要抬頭看從天花板上垂下來的指示牌確認。顧客在琳琅滿目的商品中穿行，耳邊傳來節奏高亢、分貝卻不高的流行音樂，哪怕店中只有三名顧客，也會有種擁擠、嘈雜的感覺。這實際上是一種稱為「Noise」（中文中似無相對應詞彙，姑且稱之為「雜遝」文化）的後現代文化。

幾年前，著名文化學者宮澤章夫在東京大學授課，專門研究這個問題，後出了本大部頭著作《Noise 文化

「後現代共和國」下北澤。

下北澤是一個袖珍街區，彈丸之地分布著大大小小、各具特色的店鋪。

論》[1]。他借用社會學者宮台真司的著作《夢幻的郊外》[2]中的兩個概念——「安靜的房間」和「雜遝的靜謐」，認為「雜遝」的感覺，其實帶有很強的主觀性：在一個「安靜的房間」裡，連清嗓子的一聲輕咳都會有「雜遝」感，但在周圍充滿噪音的環境中，即使很大的動靜也不會使人感到「雜遝」，即所謂「雜遝的靜謐」。前者是歐美的城市，後者是亞洲城市的感覺。因此，「雜遝」之令人感到「雜遝」，首先意味著感受者內心「理應排除」的下意識。相反，某種乍看上去不無淩亂的樣態，但當它成為某種背景時，卻反而使人內心有種「靜」的感覺。原來，所謂「蟬噪林逾靜，鳥鳴山更幽」，居然與後現代文化是相通的！

店鋪如此，整個街區亦如此。稍往深處走，過了茶澤通，便是大片高級住宅區，鬧中取靜，優雅整飭。如果算上東條英機的話，此地曾先後住過三位首相（另兩位是佐藤榮作和竹下登）。下北澤之為「小資

1 宮沢章夫《東京大学「ノイズ文化論」講義》（白夜書房，二〇〇七）。

2 宮台真司《まぼろしの郊外——成熟社会を生きる若者たちの行方》（朝日新聞社，二〇〇〇）。

重鎮」，由來已久，歷史可追溯至戰前。因此間街道狹窄，洋風的酒吧、咖啡屋集中，整個地區有種大沙龍的氛圍。店鋪多，野貓就多，荻原朔太郎曾在小說《貓町》中描繪過這裡的風景。當然，如此沙龍，有多少野貓，便有多少文人騷客——不，後者也許更多——坂口安吾、橫光利一、室生犀星、井上靖、田村泰次郎、一色次郎等，是這裡的常客。坂口安吾年輕時曾在附近的代澤小學短暫任教，後在隨筆《風與光與二十歲的我》中追述過下北澤的青春放浪。

戰後初期，物資短缺，下北澤一度黑市化。上世紀五〇年代初，一些店鋪開始經營舶來品，並逐漸做大，形成了一種摩登的西洋範，成了該地區的文化標籤。這種符號很吸引年輕人，於是，從七〇年代初開始，大批藝青進駐，搖滾、爵士、布魯斯等各類主題音樂酒吧先後登場。一九七九年，舉辦了首屆「下北澤音樂祭」，遂固定化，下北澤成了音樂街。一九八二年，名演員本多一夫在車站南口創立了以自己名字命名的本多劇場，帶動了周邊地區的迷你劇場熱，下北澤又成了演劇街。

女作家松原一枝在其著作《文人的私生活——昭和文壇交友錄》中，描繪過一群「下北澤的文人們」。小說家森茉莉是明治期文豪森鷗外的長女，戰後寓居下北澤，是地方的聞人。她每天早晨必到一家叫愛麗絲的咖啡館「報到」，且永遠坐在靠近博文堂書店一側的一張固定的檯子前看報紙，《朝日》、《讀賣》、《每日》等，逐一翻過。讀完一份，並不摺疊復位，接著打開另一份。女招待面無慍色，每每邊拾掇報紙，邊嘟囔「又得給茉莉女士擦屁股」。茉莉作家完全充耳不聞，讀得專心。彼時，茉莉剛與山田珠樹離婚，跟長子爵同居。據知情者透露，作家「與爵像戀人般地生活」。茉莉作為長女，幼時備受鷗外的嬌寵、溺愛，性格純真，童心未泯，終生處於世間第一「卡娃伊」女的自我幻覺中，不願自拔。其父親的著作權過期之後，她全靠寫作為生，當時尚未出版《父親的帽子》、《戀人們的森林》等成名作，生活之捉襟見肘可想而知。偶有爵的朋友來訪，禁不住茉莉的勸誘，在茉莉家中過夜。人鑽進被窩後，見天花板上貼著一張字條，上寫「一泊ＸＸ元，早餐ＸＸ元」，宿客大吃一驚。想起來到外面去，卻聽見茉莉在紙拉門外的過道上行走的聲音，馬上縮回去，背對著過道，待茉莉走過……後茉莉不止一次問松原一枝：「妳說那男的是不是對我有點那個意思呀？」令松原哭笑不得。

二〇一二年初冬的一天，空氣溼潤。向晚時分，天上飄起了薄雪花，雪花落在雨傘上變成小冰凌，然後又變成了雨滴。背著沉重的提包，逛了半天，多少有些累，便折進街角一家看上去特時尚的咖啡屋，找了個靠窗的座位。落座後發現，這是一爿咖啡兼精品兼舊書店。店中只有一位中年老闆娘兼女侍在忙活，頭上紮著手絹，胸前繫著圍裙，風姿綽約。店中精品多繫擺設，只有少數幾件繫著價籤的小物件可出售，但舊書都是商品，且品味不俗，當然價格也不菲。我惦記著晚間在新宿的約會，有些心不在焉。品完一小杯Espresso，挑了三本舊書，兩本梅棹忠夫，一本柳田國男，便埋單離去了。

出得店來，天完全黑了，路燈感覺比東京的其它地方昏暗，乃至燈下的街景有種影影綽綽的感覺。雖然下著細雪，路邊的跳蚤市場卻未收攤，幾個頭上裹著白毛巾、繫圍裙的青年在一面巨大的遮陽傘下吆喝著舊衣、舊唱片和古董。地攤斜對過，是一家居酒屋，房簷下掛著一串印有店幌的紅燈籠，透著暖意。我突然發現，這家居酒屋有些特別：比一般店家多了一圈緣廊，就像普通的民居一樣。緣廊上，也零星擺放著幾張炬燵[3]。靠近屋角的那張炬燵旁，坐著一對青年男女，像是情侶。男著鐵灰色和服，女則一副OL裝扮，上身穿職業西裝，腿在布團裡，看不見——大概穿著裙子吧。但見身穿短和服的男侍者端著托板，從屋裡出來，掀開暖簾，走在緣廊上。雪白的和式襪套踩在原木地板上，發出「咚、咚、咚」的聲響。然後情侶端起生啤酒杯，一句「乾杯」，輕輕一撞，深飲一口。

我剛好從緣廊外經過，薄雪中看到這一幕，內心熱流上湧，一時間幾乎忘了所處的時空方位，眼前彷佛是一幅竹久夢二絹本著色的立軸〈時雨的炬燵〉，又像極了小津安二郎作品中低機位拍攝的長鏡頭。費了好大勁兒，我才讓自己相信這是在世田谷區的下北澤。接著便朝車站大步走去。

---

3 日式小炕桌，桌面下裝有取暖的熱能燈，四周有布團，可蓋住雙腿以保暖。

6 武藏野（上）

如果說，北京近三十年來城市化的結果，造成了行政東移的話，那麼東京城市化的歷史，便是一部不斷向西擴張的歷史：從明治中期開始，特別是關東大地震以降，以國鐵中央線為主動脈，輔之以西武、京王、小田急、東急等幾條私鐵線路，使開發的重心不斷向西推移。用中文寫作的日本作家新井一二三自稱「生於中央線，長於中央線」，她在《東京迷上車——從橙色中央線出發》一書中這樣寫道：

我的人生地圖上，有橙色的橫線條，乃JR中央線軌道。我的東京是沿著這條鐵路細長分布的。

中央線的起點是東京站，以橫倒S字形穿過市區後，由新宿一直往西到高尾，乃總共有三十二個站的通勤路線。全長五十三點一公里，其中二十四公里（中野—立川）是用尺畫的一條直線；在全日本是僅次於北海道室蘭本線，第二長的直線鐵路。

在東京如毛細血管般縱橫錯綜的城市鐵路網中，確實難再找出第二條路線如中央線這般「規矩」者：橙黃色的列車從新宿、大久保到東中野，向西北方向劃過一條弧線之後，便一頭朝西紮去，一馬平川，幾乎感覺不到任何搖擺和起伏。誠不愧是當初照工程師用直尺畫出的設計圖「如法炮製」出的城市。

這一帶是武藏野台地，位於東京西郊。所謂武藏野，即「武藏之野」，原繫古時武藏國[1]的「東人」對自己所居山野的稱謂。至明治初期，仍是一片廣袤的原野，不規則地點綴著雜木林和新開地，間或有麋鹿、狐狸等野獸出沒。《萬葉集》中有詩九首，記述了此地上古時代的自然風物和戀人的相思，如：

多摩流水泊，晾曝手織紗；
之子何其美，勞思我自訝。[2]

1 舊國名，相當於今東京、埼玉縣和神奈川縣東部。
2 錢稻孫譯，卷十四，武藏國歌，第三三七三首。見《萬葉集精選》（增訂本），錢稻孫譯，文潔若編，曾維德輯注，上海書店出版社二〇一二年四月第一版，第二六九頁。

占卜武藏野，燒灼鹿肩骨；
匿不謂人言，君名為所發。[3]

武藏野，山坳野雞飛；
那夜分手後，
再未與哥會。[4]

浮世繪中，有一類名為「武藏野圖」的作品，專門表現武藏野的山野風光，如《西行物語繪卷》等。

隨著江戶幕府的開府，武藏野迎來了最初的開發潮：農地成片開墾，飲用水工程玉川上水和森林消防用水工程先後竣工，人工次生林逐漸取代原始雜木林，人口開始激增。至此，武藏野的自然雖然被納入國家近代化的開發進程中，但「阡陌縱橫，雞犬之聲相聞」的牧歌般的「原風景」並未被破壞。

明治二十九年（一八九六）秋天，自然主義作家國木田獨步（一八七一——一九〇八）遷居至東京郊外豐多摩郡上澀谷村，每日散策野外，以期療治因新婚妻子信子離家出走而造成的內心創傷。武藏野繁茂的森林、翠綠的茶田和農舍的水車，對作家的心靈「治癒」效果顯著，兩年後，出版了隨筆集《武藏野》。在這部日本近代文學史上劃時代的散文作品中，獨步發現了武藏野的落葉林之美：「據云過去的武藏野以茅草原一望無際的風景而馳名，現在的武藏野之美則是樹林，樹林確實堪稱是武藏野的特色」；「除了武藏野之外，日本還有這樣的地方嗎？不用說北海道的原野了，就連奈須野也沒有。其它地方哪裡還會有呢？樹林和原野交互叢生，哪兒還有這種生活與自然密切相連的所在呢？」時值近代文學革命初期，獨步風格洗練的口語體不僅影響了日本人的自然觀，且開創了一代文體，「改寫」了明治文學的面貌。

西畫家滿谷國四郎（一八七四—一九三六）與獨步私交甚篤，他為獨步的隨筆繪製插畫和卷首繪，刊發在獨步主導的雜誌《近事畫報》、《戰時畫報》上，

---

3 錢稻孫譯，卷十四，武藏國歌，第三三七四首。見《萬葉集精選》（增訂本），錢稻孫譯，文潔若編，曾維德輯注，上海書店出版社二〇一二年四月第一版，第二六九頁。

4 趙樂甡譯，卷十四，武藏國歌，第三三七三首。見《萬葉集》，趙樂甡譯，譯林出版社二〇〇九年一月第一版，第六二一頁。

從此走上畫壇。滿谷國留下的百餘幅風景速寫和炭筆畫，成為後人瞭解近代化之初武藏野「原風景」的彌足珍貴的視覺資料。

以名著《不如歸》名世的基督徒社會派小說家德富蘆花（一八六八—一九二七）曾長年糾結於人生的煩惱和健康問題，為此於明治四十年（一九〇七）專程赴俄國雅斯納亞・波良納貴族莊園拜會列夫・托爾斯泰。托翁對他說「不能只寫從書中讀來的，要寫從生活中生發出來的東西」，並反問他：「你能當老百姓嗎？」蘆花大受感染，回國後便攜妻愛子從都心部青山的公寓搬遷至東京西郊的千歲村粕谷——一個僅有二十六戶人家的村落：「距郵電局一里半，到郵

無產者街區山谷緊挨著著名的花街吉原，彷彿詮釋著入世與出世、飛黃騰達與墜落的流轉。

筒十町[5]，至豆腐店六町」；「最近的街坊是墓地和雜木林，而活著的鄰居，近的也有小一町的路」。作家製備了整套農具，開始了晴耕雨讀的生活，嘗試做一個「美的百姓」。其間，雖然經歷了與胞兄、啟蒙思想家德富蘇峰的再度絕交和父親的死，但蘆花也許在武藏野的田壟林間真的覓得了始終念茲在茲的「理想鄉」，反正確乎在那裡度過了人生難得平穩的一段時光。

對另一位作家、自然主義的旗手田山花袋（一八七一—一九三〇）來說，「武藏野的魅力比風情萬種的京都郊外更有韻味」。早在國木田獨步剛移居武藏野後不久，花袋便造訪了這位孤獨的作家，開始了二人的交遊。後者在《東京的三十年》中，記錄了與獨步一起漫步荒原時所見到的萱草萋萋、落日餘暉富士雪的自然景觀，也追述了獨步的死。

花袋雖然深愛武藏野，但終於未移居，而是一邊與它保持一定的空間距離，一邊不懈地去那裡訪友、散策，十年如一日地記錄著武藏野的變遷。從中央線的電氣化，到日俄戰爭後，隨著景氣騰升，都市化進程加速，草原林地後退，代之以成片的現代住宅……眼瞅著，武藏野從文人們「詩意地棲居」之所，成了都市化進程中的「城鄉結合部」。對此，花袋內心難掩寂寞、感傷：

> 都會的擴張力不斷地向深處侵蝕，深一點，再深一點。過去是巨大的櫸木街樹的地方，現在長出了氣派的石砌高牆，進而是瀟灑的二層小樓，在附近從未見過的漂亮的摩登太太領著可愛的孩子散步。通往停車場的路上，過去是田圃的地方，新建的商鋪鱗次櫛比。每天早上，西裝革履的上班族們，絡繹不絕。[6]

5 町，亦寫作「丁」，日本傳統距離計算單位，一町約等於一〇九米。

6 田山花袋《東京の近郊》。

7 武藏野（下）

當作家新井一二三說自己「生於中央線，長於中央線」的時候，想必是自豪的。她在《東京迷上車——從橙色中央線出發》中如此寫道：

這兒就是武藏野。

今天，乘坐中央線列車往西（即富士山方向），特適於遠眺。尤其在夕陽時刻，實在令人心情舒暢。因為這塊土地，本來就是跟鐵路同時開拓起來的。

……橙色列車一離開中野，就令人呼吸到自由的空氣。若說舊市區是東京的歐洲，那麼中央沿線就是東京的新大陸了。

提起中央線，確實有種「好有文化」的感覺。不僅新井作家，筆者的幾位家住中央線沿線的學者、記者朋友，也都以各自棲居的小鎮及其地域文化為驕傲。高圓寺、阿佐谷、荻窪、吉祥寺、三鷹、武藏境、國分寺、國立……這些古風的驛站名，每一站都是一個格調優雅的小鎮，那裡不僅有風味獨特的料理店、居酒屋和超級小資的咖啡館，還有古董店、小劇場、舊書店，有的鎮子本身就是大學城（如一橋大學所在的國立）；伊藤整、大岡昇平、外村繁、太宰治、火野葦平、恩地孝四郎、棟方志功……隨手拉幾個沿線作家、藝術家的名字，就連綴成一部現代文化史——這，就是武藏野的氣質。

出生於阿佐谷的評論家、被稱為江戶學研究第一人的川本三郎把中央線沿線城市化的歷史分成四個階段，即關東大地震後的發展期、「終戰」後的混亂與復興期、東京奧運會前後的變革期，直至當下。

小說家井伏鱒二（一八九八—一九九三）在早稻田大學讀書時曾去過一次荻窪，對那兒的風光景致耿耿於懷，遂於昭和二年（一九二七），索性從大學附近的下宿屋搬了過來。這一帶因在關東大地震時受害較輕，故前來賃屋置業者頗多。井伏一家剛搬來時，荻窪多少尚保有牧歌的餘韻：汲水的河灘上有蟾蜍；入夜，有螢火蟲照明，附近的雜木林中有狸、獾出沒；秋末時節，一陣寒風吹過，沙塵飛舞……可轉眼間，帝都震後復興計畫及其所帶動的城市化進程便改變了這一切。井伏在《荻窪風土記》中記錄了這種「滄桑之變」，他不僅捕捉到社會大轉型在人的心理上投射的陰影，而且以文字的形式定格了一份早期武藏野波希米亞社群的「原風景」：

> **新開地的生活總是輕鬆愉悅的。有人說在荻窪一帶，即使大白天穿著睡袍在街上蹓躂，也不會被人從後面指指戳戳。對那些標榜貧困文青的人來說，不失為一塊適土。**

作為昭和初期的文壇領袖，井伏鱒二麾下弟子如雲，有很強的示範效應。僅三兩年的光景，周圍便集合了一群作家、詩人和畫家，成了一個名副其實的「文士村」（史稱阿佐谷文士村）。昭和五年（一九三〇），青森出身的文青太宰治（一九〇九—一九四八）入東大法文科。慕井伏鱒二之文名，成了井伏的弟子，師生過從甚密。其間，太宰與青森藝伎出身的前妻小山初代同居、結婚，寫下了《列車》、《逆行》等作品。一九三九年，太宰搬到三鷹，成了一介「原稿生活者」。彼時，太宰已與初代離婚，並與石原美知子結婚，而這樁婚姻即源自井伏的緣談撮合，連婚禮都是恩師一手操辦的——反正井伏的宅子夠大，剛好成了無賴派作家婚禮的禮堂。兩家相距咫尺之遙，太宰常趿拉著木屐找恩師弈棋。前妻初代離婚之初，曾一度落腳井伏家裡，可太宰並不知情。每每聽到太宰那熟悉的木屐聲由遠而近，井伏總是迎上前去，並不往屋裡讓，貌似隨意地在院子裡的石凳上應酬一兩局，太宰倒也並不見怪。

按說對弟子有過知遇之恩和月下之勞雙重恩澤的井伏鱒二，無論如何該稱得上是「大恩人」，可在太宰治筆下，卻成了「大惡人」，後者甚至不惜在遺書中「詆毀」恩師。對這樁著名的筆墨官司，究竟孰是孰非，日本文壇歷來說法不一，但譴責弟子者甚眾，「醉話」、「昏話」、「神經錯亂」等等不一而足。唐納德・金深愛這位無賴派作家，主張從文學本身的角度來理解太宰的言行。他認為太宰的感情表達異常強烈，所以總能引起讀者同情，甚至同調。譬如，當他說「我們是盜賊，是稀代的偏執狂。而過去的藝術家是不殺人的，過去的藝術家也不盜竊。我等——一群根本無足掛齒小機靈鬼兒罷了」的時候，他確實是把自己也擱進去的。但對這

杉並文學館。

世田谷文學館。

前田侯爵邸和館。

東條英機宅邸遺跡。

以收藏中國古書著稱的靜嘉堂文庫。

財閥岩崎彌太郎家廟（家族墓地）。

種極度憤激的表達，讀者諸君最好別太當真，因為作家本身就是一個矛盾體。正如他生前屢屢對同居的妻子或情人表示要竭盡所能，捍衛家庭，並寫過小說《家庭的幸福》，但最後的結論卻是「家庭的幸福是諸惡之源」。倒是井伏鱒二好人一做到底，太宰蹈水自戕後，還擔任太宰治喪儀委員會的副委員長，親自料理弟子的喪事，也算是仁至義盡了。

作為「向死而生」、無限迷戀死亡、一生不惜四度嘗試自殺的小說家，太宰治在三鷹也品嘗過平靜而短暫的幸福。作家故後，第二任妻子石原美知子曾著書，回憶前夫生前常從僅有三張榻榻米大小的茶間，邊眺望從平坦如砥的武藏野台地的盡頭慢慢下墜的夕陽，邊埋頭寫作時的感動。正是在這裡，太宰治留下了《斜陽》、《人間失格》等一批重要著作。這種轉瞬即逝的幸福，也定格在作家自己的作品中：

> 每天，武藏野的夕陽都好大好大。顫顫巍巍的、像滾開了似的，沉將下去。
>
> 我盤腿坐在能望見夕陽的三帖斗室，邊享用粗茶淡飯，邊對妻子說：「我是這種男人，注定不會有出息，也成不了有錢人。但我會努力守護這個家。」那時，我忽然想起東京八景來。[1]

可他終於沒能對妻子兌現諾言。一九四八年六月十三日，一個豪雨之夜，太宰治攜情人、戰爭未亡人山崎富榮服毒後蹈玉川上水自盡——在經過此前四次自殺「彩排」之後，最後一次，終獲「成功」。太宰治死後，骨殖葬在三鷹車站正南方的禪林寺內——一個作家生前神往不已的場所。他的斜對過，是明治文豪森林太郎（即森鷗外）之墓。

多年後，保險公司一位女推銷員大概聽說過井伏鱒二與太宰治的交情，便登門拜訪，並聯繫太宰蹈水事件，力勸井伏購買人身意外險。老作家正色道：「不，我要活著。即使人家說你不行了，我也得換個姿勢活下去。」果然，在才華橫溢而又醜聞纏身的弟子走後，井伏又活了三十多年，得享天壽，直到送走了在武藏野「詩意地棲居」的同代和晚一輩的所有文人，才於一九九三年悠然仙逝，享年九十五歲，見證了武藏野在大正、昭和、平成三個時代的榮辱興衰。

1 太宰治《東京八景》。

8 澀谷．代官山

與新宿、池袋並立為三大都心之一的澀谷，同樣是交通便捷、四通八達之要衝，但比新宿「袖珍」，比池袋洋範，二十世紀七〇年代以降，一向是時尚和青年亞文化的策源地。我承認，我愛澀谷，多少有「追求刺激」的成分——因為那真真是生猛的刺激，帶有強烈的感官性，想拒卻不易。因此，東京人對澀谷，截然分成兩個極端：超喜歡的和不喜歡的。喜歡者，各有各的理由；不喜歡者，則多認為澀谷太「鬧」。

出了山手線的八公口是站前廣場，雖然並不大，卻是東京最有名的廣場之一，每一次選舉前夕必有代議士演說，且多係重量級政治家。廣播車、旗幟、傳單及成群身著藍色制服、腰間掛著警棍的警視廳警員幾乎是固定的風景。廣場西側的花壇前面立有一尊狗的銅像——忠犬八公像。八公的主人叫上野，生前在澀谷一帶勤務。八公每天早晨隨主人到澀谷，然後獨自回家。如此積習，成為條件反射，乃至上野死後，八公仍保持每天清晨往返澀谷為主人「送行」的習慣，凡此十餘載，直至老衰而亡。人們感慨於狗通人性，在八公往生的前一年（一九三四），在澀谷站為牠立了一尊等身銅像。戰時，銅像被熔解製兵器。昭和二十三年（一九四八），雖然全社會仍困於物資匱乏，但對人性的飢渴顯然更強，八公銅像率先被復原。如此，近七十年來，有八公鎮守的澀谷站前廣場，雖然主人上野的身影再未出現，卻成了東京人的約會聖地。

澀谷是文化的「解放區」，是青年人狂歡的據點。從站前廣場到車站四周輻射的大街小巷，能見到各種顏色的皮膚、眼睛和頭髮，「奇裝異服」到全然沒這個詞存在的程度。耶誕節、情人節、萬聖節，俊男美女成群出沒；偶爾碰到「落單」的美女，會站在廣場中央，舉塊牌子，牌子上寫「Free Hug」，神情落寞。只有在澀谷，搭訕美女不僅不失禮，反而是一種當然的禮儀。二〇一三年萬聖節之夜，我與李長聲、姜建強等一干旅日作家在澀谷中心區北京人鉤子開的著名中餐館喝酒。酒過三巡，別過鉤子老闆，準備乘晚班車各回各家。走到街上才發現，萬聖節才剛開始。通往車站的路上，人群雜遝，鬢影釵光，牛頭馬面。小說家亦夫喝得相當「嗨」，主動與一群美女搭訕，求合影。亦夫不大會說日語，美女們從他的一籮筐話中，只聽懂了「小說家」，卻已發出一驚一乍的驚嘆。我走過去，對美女們說：「知道嗎?這位大叔可是鄰國炙手可熱的名小說家，斬獲相當於貴國芥川獎的小說大獎，那是分分鐘的事。今年，明年，隨時聽候朗報，不奇怪。」美女們更加吃驚了，競相用日語中特有的擬聲擬態詞，誇張地表達「了不起」、「真的呀」、「佩服」之意。同時以小說家為核心，擺出pose，應對我的拍攝。如此鏡頭，其實在澀谷相當日常。

澀谷之人氣與「勢能」，從著名的站前大交叉路口（Scramble Cross）萬頭攢動的絕景中亦可見一斑。從八公廣場有通往各個方向的道路，呈扇面狀分布。紅燈時，靜默的人群，面向各自的方向，蓄勢待發；綠燈一亮，人流朝四面八方湧動，瞬間疏散，像洩洪似的，轉眼間走光，畫滿斑馬線的交叉口呈「中空」狀態。一次信號變換，多時有三千人通過，日通過量最多達五十萬人。NHK曾在一部紀錄片中做過電腦模擬，證明即使是按一定程式列走的機器人，過馬路時相撞的比例也不低於一・五成。然而，同樣數量的大活人，在四十六秒的時間內，迅速移動、穿梭、交錯，動作卻異常精準，從來不會相撞。難怪有人把日人比作「工蜂」、「機器人」。

但是，在如此烏泱烏泱、熙來攘往的澀谷，卻有一些祕所，不僅完全遮罩外面的喧囂，甚至直令你平生不知今夕何夕的錯覺。在道玄坂上的巷子裡，有一棟山路大廈。說是大廈，其實是只有四層的小樓。一層和二層，分別是古書店。兩家店，同屬一個會社，但經營分開：一層叫「澀谷古書中心」，二層是一間Book Café，叫「Flying Books」。原先還有地下一層，專營美術書，但二〇〇八年關張了。這家古書店，創業於昭和二十二年（一九四七），在業界赫赫有名，也是我每來東京必訪的書店。店主山路茂先生，溫文爾雅，無論何時去，總見他在低頭閱讀，對書客視而不見。但書客如有疑問，則立即放下書，走過來釋疑解答，極其專業。他除了經營澀谷的兩家書店，還負責著名的代官山蔦屋書店的藝術類圖書策劃。蔦屋書店的藝術文化圖書一向為業界所稱道，端賴山路老闆的眼光。山路先生算是我間接的朋友。友人中，有不少他的書客，有的與他是定期喝酒之交。我來這家書店的年頭並不長，但斬獲頗夥。二樓玻璃櫃中的珍藏版寫真集（多為攝影家簽名限定版），每每令我流連，乃至誤了約會。

澀谷，不僅僅是一個町鎮的概念，它還代表一種時尚符號，是生成、輻射亞文化的場域。在日本戰後青年亞文化的譜系中，「澀谷系」是一個分水嶺：至此，

在澀谷站八公廣場上等待「Free Hug」的女生。

萬聖節之夜的澀谷街頭。

既有的那些文化特徵相對固化的「族文化」（如太陽族、瘋癲族、水晶族等）被打上休止符，而一種更加開放且難以歸類的新範式——「系文化」（如蘿莉系、秋葉原系、裏原系等）開始粉墨登場，引領風騷——澀谷，與秋葉原一樣，成了後現代意義上的聖地。

如果說後現代的小資們去澀谷是為狂歡的話，那麼去距澀谷一箭之遙的代官山，則有種朝拜的意味。從澀谷乘東橫線，僅一站，便到了代官山。代官山，位於澀谷的西南，剛好夾在澀谷、惠比壽和猿樂町之間，是澀谷區的一個町。彈丸之地，町下並無丁目的設置，常住人口還不到一千八百人。除了恬靜的高級住宅區、使館（丹麥大使館），就是滿街的時裝店、洋果子店、雜貨店和西餐館、咖啡、書店——在代官山「詩意地棲居」的人有福了。

代官山寸土寸金，有限的地主，交給有理想、負責任的開發商，結果成了一流建築師的藝術道場。開發商並不一味謀求橫向發展，而是採取深耕式的經營方針，高尚社區不僅越來越便利、完善，乃至四、五十年前開發的公寓，看上去仍像新建的一樣。

上文提到的蔦屋（TSUTAYA）書店，位於代官山T-SITE，由三棟乳白色建築構成。該書店由原研哉負責概念設計，內部分成「雜誌街」、「人文・文學」、「設計・建築」、「藝術」、「料理・旅行」等區域，無所不包。其雜誌部門，號稱有「全日本最全的藝術過刊」，電影部門標榜「沒有找不到的電影」，音樂部門則有專供一人試聽的小房間，「你聽過和沒聽過的，這兒都有」。營業時間從早上七點到凌晨兩點，除了書刊，還有文具精品、咖啡、美食，有寵物專區，甚至附設一個小診所（Clinic）。書店，在東京多了去了，一點不稀奇，可蔦屋已然超越了一般意義上的書店，而日益成為一種場域——一種代表全新的生活方式，瀰漫著時尚、自由與閒適的創意性公共空間。

唯其如此，代官山蔦屋連年位列「世界最美書店」之一，確實沒話說——用時下社交網路上的流行語：地球人已經不能阻止蔦屋更有文化了！不僅如此，二〇一四年底，蔦屋在浪漫的湘南海濱又開了一家新店——湘南T-SITE，營業面積是代官山店的兩倍，網羅書誌亦倍增！從此，鎌倉行腳又多了一個理由。

9 雜司谷・鬼子母神

東京最「萌」的交通工具，是百年歷史的都營有軌電車荒川線。因車輛啟動和制動時的提示鈴聲，被人們稱為「叮叮電車」。萌車叮叮穿行於商店街、住宅區的「谷間」和大學的旁邊，從下町橫切而過，宛如江戶城的一條拉鍊。僅看那一串站名，就足以令人夢回近世：面影橋、飛鳥山、梶原、榮町、早稻田、學習院、三輪橋……其中，雜司谷和鬼子母神前是我最喜歡的兩站。

兩站挨著，即使步行，也不會超過十五分鐘。黃昏時分，我愛在鐵軌與公路的交叉口看叮叮電車駛過。信號燈變綠，落下的橫杆抬起，自行車和行人魚貫通過。我總會在鐵軌的中間稍作停頓，用手機或相機追拍遠去的電車。畫幅的一角是車站的亭台，亭子的上沿寫著「雜司谷」或「鬼子母神前」的站名。霞蔚雲蒸，殘陽如血，銀杏樹在風中搖曳，碎金滿地。那風景，有很強的超現實感、出世感，絕不是純此界的。

出了都電雜司谷站，橫穿番神通，從一個有交番（交通崗亭）的路口進去，就到了雜司谷靈園的門前。墓園位於東池袋與早稻田之間，交通極便捷，距池袋、目白、大塚、早稻田、護國寺等車站都不遠。我統共去過四、五次的樣子，但每次都從不同的方向「連結」，從不同的大門進園，乃至連墓園到底有幾個入口，至今也不甚了了。

不過也難怪，因為墓園實在是太大了——查了一下資料，居然有十一萬五千四百平方米！這在寸土寸金的東京山手（相當於北京的二環路）內緣，堪稱奇蹟。看慣了東瀛公寓團地與墓地間的「親密接觸」，對墓園全無違和、膈應的感覺。不僅如此，那些「高大上」的鋼混建築群，有時反倒令人平生某種非陽界的錯覺。如攝影家荒木經惟就覺得，「摩天大樓的『山谷』間有靜謐的墓地……大樓就像是巨大的墓碑。不可思議的是，我拍東京的日常風景時，那種影像看上去就像廢墟。所以，我有時愛把怪獸的造型放在路面上拍。這樣，廢墟就變成了天國裡的風景」。如此陰陽穿越的「第六感」，的確是東洋特有的文化鏡像，相當日常。特別是置身於如雜司谷靈園這種特定「場域」的時候，那種穿越感還會被強化。

至今猶記得第一次走進雜司谷靈園時的感受。首先是大。作為位於副都心的墓園，雜司谷靈園之大，超出了我的想像，儼然一座靈界的大都會。除了事務管理區、宗祖堂、清流院和做法事的齋場等設施外，偌大的靈園被分割成五個墓區。園內有十字交叉的兩條主幹路，中央通和銀杏通。每個墓區內，還分布著一些網格狀的小徑。整個靈園阡陌交通，井然有致，絲毫沒有擁擠感。其次是綠。櫸樹、銀杏和櫻樹，高低錯落，滿眼蒼翠，濃蔭蔽日。可以想像，花見時節，連綴成片的櫻花像低垂的雲團，雲團底下，是縱橫錯綜的石棺和碑林……那是怎樣一幅美得令人窒息的超現實畫面？第三是靜。除了風聲、鳥啼和蟬鳴，幾乎聽不到其它聲響。偶爾，會從遠處傳來清脆的金屬撞擊聲。尋聲源走過去一看，是一位頭紮白毛巾的中年職人，在新立的墓碑上刻字，身邊還有一聽剛開封的日本酒。我想，普天下，也許只有這兒的石匠是邊幹活邊喝酒的吧。

從明治五年（一八七二）開始，明治政府面向現代國家建構，先後出台了自葬禁止令、火葬禁止令、墓地令等法令，規制喪葬文化，公共墓地的必要性應運而生。兩年後，開設了雜司谷墓園。如果說雜司谷是一個靈界大都會的話，那麼區別於凡界的最主要特徵，是這個「大都會」更加「人文薈萃」。查閱靈園管理所的墓室管理檔案會發現，此間的「人文」構成密度之高，簡直令人咋舌：小泉八雲、夏目漱石、島村抱月、竹久夢二、泉鏡花、永井荷風、東鄉青兒……幾乎是一部濃縮的日本近現代文化史。而一個基本沒有鞭屍文化的國家，自然也不會對如東條英機一類的歷史人物實施「去蕪取精」。

雜司谷靈園是夏目漱石的長篇小說《心》的發生舞台。主人公「我」專程去拜訪「先生」，可先生不在家，說去雜司谷掃墓了。後來「我」偶然發現，「先生」每個月都會去雜司谷，為友人兼情敵「K」掃墓，獻花，令「我」覺得不可思議。於是，開始了一番索隱。漱石在小說中對靈園的風景有細緻的描繪：

在墓區的分界線上，巨大的銀杏樹立在那兒，遮住了一線天空。走到那底下時，先生抬頭望著樹梢說：「再等幾天，會很漂亮的。樹葉會變黃，然後這塊地面會被金色的落葉掩埋。」先生每個月必定要從這樹下經過一次。

通往鬼子母神之路。

一個世紀退去，靈園的風景依舊，彷彿連拂過銀杏樹梢的風聲都不曾有過些許變化，只是園中多了一座偌大的石墓而已：漱石與夭折的五女雛子長眠於此。櫸木環抱，石欄雕琢，有拾級而上的石階，墓碑上刻有「文獻院古道漱石居士」的法號——漱石墓，透著「國民作家」範，身量大得有些誇張。難怪作家野田宇太郎頭一次看見漱石墓，便本能地聯想到位於三鷹禪林寺的低調的森鷗外墓和多磨墓地中北原白秋的樸素的圓形墳塚，眼前居然浮現出漱石那標誌性的愁眉苦臉的尊榮來（可野田作家卻從未見過漱石）：「何其土豪趣味！非藝術的、非作家式的惡趣味。為了這座墓石的緣故，我甚至為漱石而感到可憐。」對前輩文豪的吐槽，可謂不留情面。

在雜司谷與漱石比鄰而居的，是他的兩位先生，均是「老外」——在幕末以降旅日的「外人」中，論知名度，無出其右者：一位是拉斐爾・馮・坎貝爾（Raphael von Koeber，一八四八—一九二三），另一位是拉夫卡迪奧・赫恩（Lafcadio Hearn，一八五〇—一九〇四），日本名叫小泉八雲。前者是日耳曼系俄國人，明治二十六年（一八九三）來日，凡二十一載；

後者生於希臘，長於英法，早年在美國打拚，後歸化日本，是把東洋文化推向西方的一代宗師。漱石曾在隨筆〈坎貝爾先生〉中寫道：在東大文學部，「若問人格最高潔的教授是哪一位的話，百人中的九十九人，在想到有數的幾位日本教授之前，恐怕會首先答出馮・坎貝爾的名字」。明治二十三年（一八九〇），赫恩來日，先在松江中學和熊本高校教英語，一八九六年起，在東大文學部教授西洋文學，凡七載。後遭同僚排擠，黯然去了早稻田大學。赫恩離開東大後，接棒執教者是夏目漱石。漱石被赫恩教授的聲名壓倒，感到巨大的壓力，如坐針氈，甚至考慮辭職。他對妻子吐露了內心的苦衷：

小泉先生是英文學界的泰斗，作為文豪也是名震世界的存在。自己這種初出茅廬的書生，儘管勉強忝列其位，畢竟難寫出漂亮的講義，也斷難令學生們滿足。

至此，漱石的神經衰弱症更厲害了，不久即與妻子分居。四年後，終於辭去教職，入朝日新聞社，改行當起了新聞記者。

明治四十四年（一九一一），漱石與安倍能成[1]一道，應邀赴坎貝爾教授的宴請。席上，漱石問坎貝爾對赫恩教授的看法。漱石原本在心裡做好了聆聽一番高屋建瓴的「八雲論」的打算，不承想，坎氏竟輕蔑地吐了句「He was abnormal」（他變態），令漱石大吃一驚。在坎氏看來，赫恩逸出了西方本位的學問體系的「常軌」，向東洋學問中「探頭探腦」。作為西方學者，這種姿態是「有問題」的。坎貝爾的理想是古希臘，而赫恩的母親是希臘人，他早年也對希臘頗神往，但卻不諳希臘文——此構成了坎氏輕蔑的第一層。其次，赫恩娶日女為妻，甚至不惜「悍然」歸化，在當時旅日的西方人圈子裡，被視為「異端者」。對其「出位」的行止（指娶日妻並歸化），圈內流行的說法是「Hearn went native」（赫恩歸了土人）。

坎氏真不愧是鐵杆的西方文化本位主義者，旅日逾二十載，不僅不說一句日語，長居東京，甚至不願

1 安倍能成（Yoshishige Abe，一八八三—一九六六），日本哲學家、教育家、政治家。生於愛媛縣松山市，畢業於東京帝國大學哲學科。歷任法政大學教授、京城帝國大學教授、第一高等學校校長、學習院院長、貴族院議員、文部大臣等職。

雜司谷靈園之大，儼然一座靈界的大都會。

外出散步，因為他理想的散步道是慕尼黑郊外。他甚至不承認自己是俄國人，認為自己本來的「精神歸屬」是「母語」——日耳曼語，祖國是「俄羅斯中的德意志」。如此西方本位論者，到頭來卻埋骨東洋，要說也夠憋屈、夠諷刺的。因此，坎貝爾墓是東正教範的，塚上立著十字架，墓碑上找不到一個漢字或假名。

而赫恩墓，則是和風造型：天然石做成的墓碑上，刻有隸書「小泉八雲之墓」；碑的右側，鐫刻著他皈依佛教後的誡名「正覺院殿淨華八雲居士」；墓前是圓石，石上開有放置供奉物的凹槽。旁邊同樣風格的墓碑稍矮，是夫人節子的墓。野田宇太郎說，雜司谷靈園中，唯小泉八雲墓，最令人「內心踏實」。

離雜司谷一箭之遙的鬼子母神，是日蓮宗信者敬拜的守護神。鬼子母原是可怕的夜叉，從梵文的讀音，寫作訶梨帝母。她自己生過一千個孩子，卻愛搶別人的孩子，搶來就吃掉。佛陀為了懲戒其惡行，便把她所生的最後一個孩子愛奴偷偷藏了起來。鬼子母到底是母親，自己的孩子不見了，發瘋似的四處尋找，遍尋不得而陷入悲苦。佛陀見狀，便諄諄告誡鬼子母，讓她發誓戒除惡行。後來，鬼子母果然洗心革面，回歸了善良的母性。基於這種傳說，鬼子母成了保佑婦人安產和夫婦和合的神靈，其懷抱一兒和一只石榴果的造像姿容端麗，富態安詳。雜司谷的鬼子母神堂由日蓮宗的古剎法明寺運營，據說極其靈驗，故拜者甚眾。

至於靈驗與否，我倒沒試過，也無從嘗試，但神堂前有棵神樹——「鬼子母神公孫樹」，看那樹的樣態和樹齡，由不得你不信：樹圍八米，樹高逾三十米，巨大的樹冠形象地詮釋了什麼叫「遮天蔽日」。公孫樹，亦稱銀杏樹，原產於中國，最初由遣唐使帶回，得以在東土繁衍。此樹據說是應永年間（一三九四—一四二八）由僧人日宥栽種，樹齡在六百年以上，古來有所謂「子授銀杏」之稱。據戶張苗堅在《櫨楓》中的記載，出現婦人們聯手抱樹（指鬼子母神公孫樹），並為樹拉注連繩[2]的光景，大約是在文政年間（一八一八—一八二九），距今差不多也有兩百年了。毋庸諱言，在「富國強兵」的時代，它曾護佑了多少「大和撫子」[3]的「多子多福」，而在高齡少子化的今天，這棵樹王無疑是更見寶貝了。

2 指在某些神聖場所，為防止不淨物的侵入，拉繩隔離。

3 日本女性的別稱。

10 本鄉・小石川（上）

乘地鐵丸之內線在本鄉三丁目站下車，從本鄉通方向出站，往左一拐就是本鄉三丁目的十字路口。十字路口的西南角上，有家叫「兼康」（Kaneyasu）的雜貨鋪，是一間四百年老店。初代店主兼康祐悅原是京都的口中醫（即現代的牙醫），在德川家康入府江戶時，移居江戶，開了一爿診所。元祿年間，兼康開發了一種名叫「乳香散」的牙粉，大賣特賣，遂將診所擴建為一間化妝品店。

享保十五年（一七三〇），江戶城罹大火，損失慘重。復興重建之際，出於防災考量，町奉行（大岡越前守）規定，兼康一線以南，獎勵灰泥造屋，禁用茅草葺頂，一律改瓦屋脊。於是，江戶城櫛比的房屋，清一色是瓦葺屋脊，一直綿延至本鄉，過了兼康向北，才見茅草葺頂。今天，兼康店正面的門柱上，鑲嵌著江戶時代的著名川柳，大意是「江戶也就到本鄉兼康了」[1]，道出了江戶人心中的江戶城的邊界——最北到兼康為止，兼康的土藏是象徵江戶繁榮的地標。明治年間，住在駒込林町的法師高村光雲（現代詩人高村光太郎之父），管去神田、日本橋方面，叫做「去一趟江戶」。

本鄉——這個古風的地名，最早出現於戰國時代。室町時代，在武藏野的荒村湯島鄉一帶，出現了一些聚落，始稱「本鄉」。德川家康入主江戶以後，城市急速擴張，本鄉、根津、湯島、駒込等街區連成一片，明治十一年（一八七八），設立本鄉區，是東京市的十五個區之一。昭和二十二年（一九四七），與臨近的小石川區合併，改稱文京區。顧名思義，「文之京」（fuminomiyako），是大東京的所謂「文教之府」。「文教」云云，主要是指周邊的湯島天神、神田明神、湯島聖堂、東京大學等宗教文化設施和星羅棋布的古書店。

江戶時代，《論語》中的文言典故是庶民的常識。學者諸橋轍次在《中國古典名言事典》中講過一個段子，說有個小偷潛入儒者之家行竊，被當場逮住。儒者先曉之以「仁」，「如此惡事，豈可犯乎」？然後隨手掏了一把碎銀子一併給了偷兒。可小偷數了數，

1 原文為「本郷もかねやすまでは江戸のうち」。

不屑地吐了句槽：「鮮銀矣。」偷兒顯然是把「巧言令色者，鮮仁矣」的典故做了一番引申，抱怨儒者給的得忒少——日文中，「銀」與「仁」諧音。

日本儒學的總本山，是JR御茶之水站旁邊的湯島聖堂。原先的孔廟位於今天上野公園內的忍岡，那裡曾是幕府三代將軍德川家光賜予大儒林羅山的封地。林羅山先建學寮，後尾張的德川義直又為林家建了孔廟。元祿三年（一六九〇），熱心儒學的五代將軍德川綱吉將孔廟從上野遷到湯島，並置於幕府直轄之下，年底落成時，綱吉揮毫題匾「大成殿」，原先祭在忍岡廟裡的孔子像也被請進新殿。在祭祀孔子及其門人的同時，這裡也成為儒學者為諸臣講授經書的儒學最高養成機構——此乃湯島聖堂的來歷。

後幕府又在聖堂西側新建了一處學問所，作為以將軍直轄的武士和諸藩藩士為對象的儒學養成所。學問所建在一個坡上，稱昌平坂學問所。「昌平」者，蓋源自孔子出生地（魯國陬邑昌平鄉）的傳說。明治改元後，昌平坂學問所改稱大學，即今天東京大學的前身。其舊址，大致位於今東京醫齒科大學和順天堂醫院的所在地，距東大本鄉校區只一箭之遙。木造的湯島聖堂在關東大地震中燒毀，昭和十年（一九三五），模仿寬政期的樣式重建，即我們今天看到的鋼混結構的聖堂。

作家木下順二本鄉生本鄉長，除了少時曾隨父回鄉裡熊本隱居十年外，一生中從未離開過本鄉。但他對本鄉的眷戀，有時竟連自己也說不清：「不僅是旅行的時候，在東京都內外出時，一回到本鄉的地界，不知為什麼，內心總有種踏實感。」[2] 如此踏實感（日文中寫作「安堵感」），其實對很多文人來說，是共通的。這種共通的東西，既與空間有關，但並不依賴於空間，說白了，就是一種文化的因緣，是某種歷史文化要素，在特定場域中持續發酵，釀造而成的「氣場」。用建築學者陣內秀信的學術術語，叫做「空間人類學」，類似於美學中的「通感」。按說，東京的街道和古建築，經歷了關東大地震和東京大空襲的兩次毀滅，又經過高度增長期粗暴的開發，原裝古董其實已有限。但是，「即使古建築沒有了，在那個場所、那個空間中，也還有古老的好的東西存在著，『在歷史中形成的獨特氛圍』還存在著。正是從這裡，產生

2 木下順二《本鄉》（講談社文芸文庫，一九八八），七頁。

了『空間人類學』的思考方法」。[3]

本鄉和小石川，正是這種「空間人類學」意義上的場所。更何況，歷史遺跡並未完全湮滅於時間的廢墟，仍被大量保存了下來，而且有些設施的物理形態還相當完好。因此，當你徜徉在本鄉的街頭，會遭遇種種刺激和撩撥，歷史的、學問的和文藝的，藪下通、團子坂、根津神社、菊坂、彌生町、西片町，芭蕉、鷗外、漱石、八雲、一葉、夢二、荷風、魯迅、秋聲……不知怎的，歷史在這兒交匯或交錯的密度特別高。有時，實在的人物和虛構的角色甚至會混搭、穿越。

明治三十六年（一九〇三）至三十九年（一九〇六），夏目漱石在位於當時本鄉區駒込千駄木町的友人齋藤阿具家賃屋而居，在那兒創作了傳世名作《我是貓》。書中的登場人物（水島）寒月君的原型，是漱石的門生，物理學者、隨筆家寺田寅彥。因了漱石的大作，千駄木町（現在的向丘二丁目）的齋藤家被稱為「貓宅」。而貓宅的前房客，是森鷗外。後此宅被移建至愛知縣犬山市的野外博物館明治村中，供人觀瞻。

漱石寫完《貓》著後，即搬到本鄉西片町的一處下宿屋（西片町十番地呂字七號）。這套「不帶浴室，租金二十七元，頗貴」的下宿屋，就是小說《三四郎》中，主人公為幫廣田先生搬家而造訪，不期與美禰子邂逅的「西片町的家」。漱石在這個家住了一年多，寫了《虞美人草》等幾篇小說，於翌年（一九〇七）九月復遷居至新宿區早稻田南町。不承想，東洋文豪前腳搬走，另一位文豪後腳就搬了進去。不過，這位文豪當時還只是一介文青，距離成名少說也還有十年的等待。

一九〇六年三月，中國留學生周樹人揮別恩師藤野嚴九郎先生，從東北地方的仙台回到東京，在本鄉一帶輾轉兩處下宿屋（伏見館和中越館）之後，於一九〇八年四月，與弟弟周作人和同鄉許壽裳等四人一塊搬進了「西片町的家」。房子好像是許壽裳找的，因五人合住，命名為「伍舍」。房租三十五元，每人負擔七元。周作人在《知堂回憶錄》中寫道：

> 我們是一九〇八年四月八日遷去的，因為那天還下大雪，因此日子便記住了。那房子的確不錯，也是

3 陣內秀信《東京の空間人類学》（ちくま学芸文庫，二〇一三），三二八頁。

曲尺形的，南向兩間，西向兩間，都是一大一小，即十席與六席，拐角處為門口是兩席，另外還有廚房浴室和下房一間。[4]

據此可知，從漱石搬走後，到周氏兄弟遷入前，有半年多的空巢期，房東很可能利用這段時間重新裝修了房子，改造了浴室，所以房租也見漲了。周氏哥倆白天蹓躂著去位於小石川區新小町的民報社聽章太炎講《說文》，晚上回來編《河南》、《新生》等文藝雜誌，翻譯東歐文學，不久出版了《域外小說集》。周作人開始學希臘文，似乎也在這個時期。

在漱石的小說《三四郎》中，三四郎在東大赤門前的洋食堂「青木堂」與廣田先生偶然再會。其實，那兒壓根是漱石自個鍾情的店家，煉羊羹是最愛。而對中國留學生周樹人來說，雖然囊中羞澀，可到底是紹興出身、嗜甜食如命的主兒，偶爾進去坐一會兒，叫一杯牛奶果子露，是何等的享受！

我喜歡在天氣晴好之日，從本鄉三丁目，沿著本

4 周作人：《周作人回憶錄》，湖南人民出版社一九八二年一月第一版，二〇三頁。

東大正門斜對過，有一爿名為「心」（こころ）的咖啡，店匾想必是漱石的揮毫。

鄉通由南向北「掃街」，掃過路旁二十來家舊書店和古董店，想進哪家進哪家，有一搭無一搭，漫無目標。但每次必入者只一家：東大正門斜對過，有一爿名為「心」[5]的咖啡，店匾想必是漱石的揮毫。店中冷清，最多時，也不多於兩三位客人。從收音機中傳來曼妙的音樂或談話節目，但聲音調得很低，老闆娘永遠在門口的座位上讀報。除了牆上的大正期老海報，再沒有多餘的裝飾。火車座、小方桌，連房間也是長方形車廂狀，有種昭和前期懷舊的調子。我一般是把這家店當成中途歇腳的地方，找個最裡面的靠牆座位，整理一路購買的新舊書和各種展覽圖錄、門票，喝兩杯以上的冰水，然後上一次洗手間。當然，咖啡是必點的：翻開只有兩頁紙的MENU，點一杯「漱石」熱咖啡。

喝完咖啡，做完該做的事，便拿起帳單向外走。因店中沒人，實在是太安靜，唯恐嚇著專心讀報的老太太，每每在快到門口時輕咳一聲。結帳時，確認了一下金額：五百日元（含稅）。好久沒去「心」了，消費稅上調後，也不知「漱石」熱咖啡的價格變了沒有。愛讀《每日新聞》的老闆娘，別來無恙乎？

5 牌匾上的原文為「こころ」。

11 本鄉・小石川（下）

文京區的本鄉，是東京僅次於神保町、早稻田的古書店街，有大約二十五家舊書店。如果加上毗鄰的根津、本駒込周邊和音羽、茗荷谷周邊書店的話，則有不下四十家，超過早稻田，僅次於神保町。因本鄉和根津—本駒込、音羽—茗荷谷這三個街區均隸屬於文京區，習慣上，稱之為文京區古書店。三個街區基本上以東京大學為中心，呈正三角形分布（權且稱「書三角」），隨便去其中的一家，可免費索取文京區古書店的地圖。

文京區作為「文之京」，學問的歷史很長。昔水戶藩主德川光圀（水戶黃門）命設於小石川的水戶藩邸內的彰考館編纂《大日本史》，中間彰考館遷移至水戶，但編纂事業卻始終未曾中斷。至明治三十九年（一九〇六），全書三百九十七卷完成，整個修史工程持續了二百五十年。由水戶藩宣導的水戶學，在幕末時期對全國志士產生了絕大的影響，水戶藩成為明治維新的思想發生器。

位於小石川傳通院前的雁金屋，以傳通院的僧侶為主顧，是江戶時代最古老的古書店之一，其發行的古書目錄，被認為是古書通信販售的嚆矢。現本鄉古書店最集中的本鄉六丁目一帶（舊森川町），因近東大的緣故，早在明治初期就形成了古書店街。隨著明治二十二年（一八八九）東海道線的開通，翌年（一八九〇）初開始，古書店開始發行圖書目錄，至今已有近一百三十年的歷史。大正八年（一九一九），推理小說大家江戶川亂步曾在本鄉團子坂開過一家舊書店，由兄弟三人經營，叫「三人書房」。可惜經營業績欠佳，開業僅一年多就關張了事。不過，關張歸關張，三人書房卻成了亂步的傳世名作《D坂殺人事件》的舞台，也可謂修成了「正果」。

文京區的古書店，歷史既長，故事亦多。作家高見順在其回憶錄《昭和文學盛衰史》中，曾描繪過一家古書店「南天堂」：

> 松岡虎王麿——一個有趣的名字，至今難忘。這個松岡虎王麿經營的叫做南天堂的書店的二樓是餐館，也是包括DAMUDAMU雜誌同仁在內的達達主義者、無政府主義者的聚會場所。還是學生的我，有時裝成達達主義者，沿著南天堂的樓梯爬上二樓一窺究竟。入夜，在常客中間一定會有吵架，甚至發展成詩張的鬥毆。

達達主義詩人、藝術家，如荻原恭次郎、岡本潤、小野十三郎、野村吉哉、壺井繁治等，還有年輕貌美的女文青林芙美子，每每鬧到泥醉而歸。而林正是通過與這群人的交往，才走上了女流作家的道路。據松岡老闆自己的回憶：

> 林芙美子來的時候，穿著純棉的時裝。她喜歡喝大酒，喝多少都沒個夠，但似乎總有人給埋單。有一回她喝醉了，見人就說：「給我五毛錢，我就讓你親一口。」可真夠能折騰的……

如果說，達達主義藝術家和詩人們的徹夜酗酒胡鬧還只是反映了時代的普遍苦悶，尚無傷大雅的話，那麼大正十三年（一九二四）九月的一個事件，則讓所有人都傻了眼：一位也是南天堂二樓熟客的無政府主義者和田久太郎，刺殺陸軍大將福田雅太郎未遂，當場被捕。和田對前一年，趁關東大地震的混亂之機，憲兵大尉甘粕正彥虐殺無政府主義者大杉榮夫婦的事件感到震驚和憤怒，遂伺機報復。而當時的戒嚴司令官，正是福田雅太郎。南天堂原本是無政府主義者的沙龍，後來又出現了國家社會主義者如高畠素之等人的滲透，一時間，像梁山泊似的，成了各派勢力角力的道場，折射了大正、昭和期文化思想史的一個鮮為人知的側面。

南天堂書店今天仍坐落在都營三田線的白山站附近，但早已易主，除了店名外，與松岡南天堂已無甚關聯了。

大致說來，與神保町和早稻田相比，包括本鄉書街在內的文京區古書店更加專業化、學術化，書價也略貴一籌。但如果你要尋找建築、法律、佛教、心理、醫學、古代美術和科學史等方面的專業書籍的話，那麼這個「書三角」的重要性是不言而喻的。儘管我非學術中人，趣味一向在人文、歷史和藝術，但「書三角」仍不會令我失望。本鄉三丁目車站旁邊的大學堂書店，像極了早稻田書街面向大學生的舊書店，新刊行本頗多，卻比新書店便宜，每次去必有斬獲；柏林社的美術書和畫冊，與神保町的美術系很互補；阿卡狄亞（Arkadia）書房[1]的海外版攝影集，總有意想不到的驚喜；創業於明治八年（一八七五）的琳琅閣書店，中國古籍感覺上比神保町的東方書店和內山書店加起來還要多。

書家止庵先生經年搜求周作人著作的日譯本。八種著作中，唯《中國新文學之源流》的一冊，得來頗費周章：

> 我見神保町一家書店的書目中有此書，索價一萬四千七百日元，找到地址發現係事務所，無店面。及至打算託人郵購，卻已經售出了。去年十一月去東京，住在本鄉的旅館，出外散步，路過琳琅閣書店，一看店內架上就有這本，價二千一百日元。[2]

1 即「アルカディア書房」。

2 止庵：《藏周著日譯本記》，陳曉維編：《買書記曆——三十九位愛書人的集體回憶》，中華書局二〇一四年十月版。

應該是差不多同一個時期，我也去過一次琳琅閣，記得買了一本台灣版《近代中日關係研究論集》（彭澤周著，藝文印書館一九七八年十月初版），書價五千日元。

在位於本鄉西側，離東大本鄉校區只有一箭之遙的音羽、茗荷谷書街上，有一家土木建築都市文化古書店「港屋書店」——這個竹久夢二範的店名，起初讓我誤以為是一家小清新的藝術書店。書店位於大塚三丁目附近的一座公寓內，大約以前也有過實體店面，但不景氣之下，經營規模收縮，目前只開網店。這家店關於建築史和都市史的專業化程度，到了令人髮指的地步，特別是關於「滿蒙」、朝鮮、樺太、台灣等前日本殖民地開發的歷史資料，說足以支撐一座專業博物館，真不是誇張。我在「書三角」購書不多，可能連神保町的百分之一都不到，但卻有過相當「豪奢」的大手筆：二〇一三年十月，我從港屋書店購得一冊中文書《舊都文物略》。八開精裝本，皮面流蘇裝訂。版權頁上寫著：「中華民國二十四年十二月出版，北平市政府祕書處編著，北平故宮印刷所印製，北平市政府第一科發行。」

我在日本買書基本沒有開收據的習慣，但這本大書，特意讓店家開了收據，票面金額為四萬兩千日元。在個人的藏書中，雖然不是最貴的，卻已然超出了我的心理承受極限，屬於「激情消費」行動。但「激情」了一把之後，老闆大約以為我是這方面的專業藏家，開始給我寄贈名為《CONSTRUCTION——建築土木史和都市消費》的私家版古書目錄，每本五百餘頁，前六十頁為銅版紙插頁，全是圖片，其本身就是珍貴的都市建築史資料。雖然是簡裝本，但印製精美，成本不菲，定價僅五百日元。購《舊都文物略》是兩年前的事，我卻先後收到了中村一也老闆寄贈的五冊目錄，編號分別為No.53、No.54、No.55、No.56和No.57。看樣子，我還將受贈下去。

12 早稻田・神樂坂（上）

乘山手線在高田馬場站下車，出早稻田口，沿早稻田通一路往東，過了早稻田松竹劇場、明治通，過了「一風堂」拉麵館，再往前，就是早大校園了。因交通便捷，離早大和書街僅一箭之遙，近代以來，一向是文人騷客的紮堆之地：太宰治、志賀直哉、江戶川亂步、島村抱月等，都曾在這一帶賃屋而居；亂步生前經營的下宿屋猶在，產權關係卻幾經變遷，現在是三菱礦業水泥公司的社員寮；夏目坂上，有夏目漱石生誕之地的石碑和漱石山房；鶴卷町，是藝青竹久夢二與髮妻他萬喜最初創業的紙品店「鶴屋」的所在地……隨便一棵古樹、一塊天然石，甚至一只木牌，都需特別小心，弄不好，就會與歷史擦肩而過。

早稻田通是東京僅次於神保町的第二大書街，古書店的密度比東大附近的本鄉—小石川書街還要大，盛期時有四十家，目前還剩三十多家，其中不乏百年老店。每月第一個水曜日（星期三）到土曜日（星期六）的四天，在高田馬場站旁邊西武 BIG BOX 前的廣場上，舉行「古書感謝市」，書客如織。早稻田書街因大學生多，舊書的價格明顯比神保町和本鄉便宜，但大部分店家只能現金支付，不利於大宗買賣。因早大的關係，此間的古書店比較側重近現代文學、演劇、電影、前衛藝術、現代史和日本殖民地史等方面的收藏，有些書籍是神保町所沒有的。我自己因多年來一直在神保町購書，按說已難有餘力在此消費，但近年來所購的幾種，如《無賴文學詞典》、寺山修司的《青女論》和日共祕史方面的著作，都不是能在神保町輕

神樂坂街景。

易入手的斬獲。
古時新宿附近的牛込村一帶，有大片水田，豐年產早稻，凶年改旱田。田圃的周圍，點綴著農舍，村名就叫做「早稻田」。江戶中期以後，町屋增加，連綴成片，町鎮漸次發展起來，村名遂成了町名——早稻田。早稻田原本是相當世俗的下町，跟文藝並不搭界。庶民的代步工具——有軌電車荒川線，在神田川畔「叮叮」跑了一個多世紀，仍未沖淡那濃濃的下町情緒。隨著大隈重信創設早稻田專門學校（早稻田大學前身），早大周邊又出現了早稻田實業高校、早稻田高校等學校，古書店、飲食店驟增。今天，以早稻田本部（早稻田校區）為中心，早大文學部所在的戶山校區、理工學部所在的西早稻田校區、早稻田校區和西早稻田校區之間的學習院女子大學及位於其北側的日本女子大學、戶山校區南側的東京女子醫科大學等，學府林立，這帶早已成了學園區。除了學校，就是面向師生的新舊書店、印刷作坊、居酒屋和不動產仲介。走在街上，不同時期，人流多寡判然有別：暑假和春假期間，人明顯見少。連有些飲食店，也跟著大學的節奏走，開學時開張，放假即打烊。

位於早稻田大學校園內的演劇博物館。

但是，如果在大東京找出一個最文藝之地的話，非早稻田莫屬！這自然與早大有關。關於芥川獎得主出身校的統計中，早大穩居第一（前三中的其它兩所大學是東大和慶應）。現代文學史上有所謂「早稻田派」，且蔚為大觀。廣義說來，「早稻田派」指那些畢業於早大文科，曾接受坪內逍遙及其弟子島村抱月的指導，從文學誌《早稻田文學》登上文壇的作家。明治三十九年（一九〇六），逍遙和抱月創立「早稻田派」的文藝協會，三年後又創設演劇研究所，致力於從「素人」養成男女演員。一九一一年，在剛開張的帝國劇場上演了易卜生的《玩偶之家》，女主角娜拉的扮演者松井須磨子一躍成為人氣女優，一代人的偶像。

逍遙是新劇運動的宣導者，同時是數一數二的莎士比亞專家，以一己之力迻譯莎翁全集四十卷。他主張在日本傳統歌舞伎之樹上，嫁接莎士比亞的要素，從而摸索「新國劇」的道路，且實際創作並上演了「新舞踴劇」，令觀眾耳目一新。但逍遙的創作理念與以島村抱月為代表的新銳演劇青年追求純粹「近代劇」的戲劇觀念發生了衝突，加上抱月與須磨子的不倫之戀，攪動了輿論的一池春水，大正二年（一九一三），文藝協會宣布解散。

一九二八年，逍遙在古稀之年，終於完成了莎翁全集四十卷日譯的生命工程。以此為契機，文藝界數千人捐資，建立了演劇博物館，以紀念這位日本近代戲劇的先驅。演博占地四百五十三坪[1]，共四層。根據逍遙博士本人的建議，設計成莎士比亞時代小劇場（Fortune）的造型：異國風白色建築的正面，相當於舞台；裡頭的陳列室，相當於後台；二樓的走廊，是上舞台；建築的兩翼，是棧敷（即用木板搭建的臨時舞台）；前庭為一般大眾席。為了適應上演莎翁劇碼的需要（事實上，也多次上演），前舞台與後舞台（一樓走廊）之間採用摺疊門；上舞台的門也做成可靈活開放的樣式。昭和三年（一九二八）八月，演博落成。因就在早大校園內，理事會委託早稻田大學經營。作為公益機構，不收門票，任何人均可免費參觀。一九三五年，逍遙辭世，享年七十七歲，畢生收藏的圖書和什器，悉數捐贈演博。我每次去早大，必參觀演博。走在吱呀作響的栗色木地板上，一部東洋近代

1 一坪約三・三平方米。

文藝史在腦海中閃回。

在早大的東南方，弁天町與榎町之間甬道的南邊，有一所寺廟——真言宗多聞院。多聞院後面的墓園中，有一處墳塚，墓碑上刻著「貞祥院實應須磨大姉」的諡號——此乃小林正子（藝名為松井須磨子）的分骨之墓。當初，島村抱月與人妻女優須磨子的情事，在報紙上被炒得沸沸揚揚。抱月離家出走，與須磨子共築愛巢。同時，不惜與恩師逍遙決裂，離開文藝協會演劇研究所，攜須磨子另組「藝術座」，繼續開闢新劇的道路。但在輿論、道德和經濟的三重重壓下，抱月難掩疲憊，一九一八年十一月五日，死於西班牙流感。兩個月後（一九一九年一月五日），須磨子追隨而去——在「藝術座」的道具屋自縊，一代女優香消玉殞。須磨子死前留下遺書，望與抱月合葬，卻遭到從抱月夫人到逍遙前輩的合力反對而未果，孤獨葬身多聞院。後有人多事，感念須磨子與抱月轟轟烈烈的一場真愛，在寺中通往墓園的石漫小徑的旁邊，立了一塊四尺見方的黑色天然石，刻了五個字：「藝術比翼塚」，以緬懷這對文藝鴛鴦。

13 早稻田・神樂坂（下）

據江戶後期天保年間刊行的《江戶名所圖會》（卷之四）記述，今早大西南，早稻田通的南側，有一處叫高田穴八幡的旅所，鎮座著穴八幡神社。平安時代後期，康平五年（一〇六二），武將源義家（八幡太郎）從奧州凱旋途中，收納刀和鎧甲於此地，祭祀八幡神。後德川第三代將軍德川家光將八幡宮作為幕府的祈願所和江戶城北的總鎮守。每年春秋祭禮時，神輿[1]通過，神樂奏起，樂聲直傳到神社東邊的坡下。遊街的人們抬著神輿，木製的神輿很重，上坡時，和著神樂的節奏，會輕鬆不少。這個響徹神樂的坡道，便是神樂坂。

如果在東京找出一個像京都那樣的地界的話，非神樂坂莫屬。都（東京都）與京（京都），不僅代表兩種文化，而且是兩種地理。雖然都是國際大都會，但東京的象徵是四通八達的電車、高聳入雲的高層建築、天空

1 祭神時，在木製架子上安放神的牌位，然後由眾人抬著遊街的神轎。

樹（Sky Tree）；而京都的象徵，其實並非如觀光客所想像的那樣，是無處不在寺廟和神社（這兩樣日本到處都有），而是如毛細血管般遍布的巷陌和巷子深處的，建築物之間狹窄、細長的路地（日文，甬道的意思）。正是在這個意義上，神樂坂宛如小京都。

黃昏時分，從身後傳來漆木屐[2]踏在石板小徑上的「噠噠」聲。驚回首，一位雲鬢高盤的藝伎走近。路地太窄，你閃在路邊，讓她先過。她邁著「大和撫子」穿和服時特有的小碎步，到離你還有兩米距離的時候，朝你頷首行禮，然後從你面前婀娜而過，有如小細浪漫過沙灘。當你遭遇這一幕的時候，莫吃驚，這就是神樂坂了。從明治到大正期，神樂坂是東京有數的花街之一，其隆盛遠在銀座和日本橋之前。路地深處的料亭，至今保有正式畫押簽約的藝伎，是東京少有的幾個會讓你的判斷發生「時代錯誤」的地界之一。田中角榮的情人辻和子，就是前神樂坂的藝伎出身，為角榮生了兩子一女。

另一個與角榮有關的神樂坂事情，事關交通。因此地路窄店多人稠密，又是都心之地，戰後，隨著經濟高增長期交通量的陡增，屢屢成為大塞車的原因。一九五八年，市政管理部門改為「逆轉式」單行線，即上午是從坂上（早稻田方面）到坂下（飯田橋方面），單面通行；下午則反之，從坂下到坂上，嚴禁逆行。如此「逆轉式」通行管制，在全日本都屬特例。據說，這種交通管制措施的導入亦與角榮有關，說是為了田中上午從位於目白台的宅邸出發，去永田町勤務，午後歸宅的方便。此說源於東京的哥的口耳相傳，既無法證實，也無法證偽，算是一種都市傳說吧。但這種管制方式，卻一路延續了下來。

既然是花街，一準少不了文人——「神樂坂文士」正是地域文化的黏合劑，是播種機，是路地上鋪裝成扇形的青石板，是山毛櫸街樹……是凡此種種的總和。明治、大正年間，尾崎紅葉、泉鏡花、北原白秋、島村抱月等文士，先後在此賃屋而居。明治二十四年（一八九一）二月，從東京帝大中退後，尾崎紅葉入職讀賣新聞社，移居神樂坂，租下橫寺町鳥居家的母屋，自取「十千萬堂」的堂號，開始用一種文白一致的文體創作，寫了小說《二人女房》。這種把文言口語化的雅俗折衷的嘗試，可謂開風氣之先，大受推崇。

2　少女和藝伎著和服時穿的一種木屐，日文寫作「木履」。

紅葉一發不可收拾，又連續推出了《心之闇》、《青葡萄》、《多情多恨》和未完成的《金色夜叉》等作品，一躍成為流行作家。

同年十月，十九歲的北陸文學青年泉鏡花進京，拜訪文壇先進紅葉，暢敘文藝之志，深得紅葉嘉許。翌日起，無名文青搬進「十千萬堂」，成了紅葉家的玄關番（日文，指借住樓下、兼行使看門人之責的房客），一住三年半。如今，紅葉和鏡花的舊居遺跡處，立了一塊牌子，供人緬懷。「十千萬堂」對面的院落還在，板牆內的老梅樹依舊茂盛，冬天開滿白梅花，跟紅葉和鏡花當年隔牆白賞過的一樣。

鏡花出身微寒，十歲喪母。一八九九年，在紅葉主持的文學團體「硯友會」的新年宴會上，神樂坂若可菜旅館的美貌藝伎桃太郎應邀前來助興。桃太郎原名伊藤鈴，竟與鏡花的母親同名。這或許是偶然的機緣巧合，激起了鏡花巨大的內心波瀾，旋即墜入愛河。

一九〇三年三月，三十一歲的鏡花通過朋友籌措了一筆錢，為桃太郎贖身，然後二人在神樂坂二丁目二番地共築愛巢。僅一個月後，被紅葉知會，演出了「棒打鴛鴦」的一幕：鏡花遭恩師呵斥，鈴不得不離開鏡花。一對鴛鴦重新築巢，是在紅葉歿後——終於離開神樂坂，去了逗子。後來，事件的背景被鏡花寫進了小說中（《湯島詣》、《婦系圖》）。

文人多戀物，作家、藝術家的紮堆之地，必有洗練的店家——這方面，神樂坂真是當仁不讓，從夏目漱石生前常去的文房具店相馬屋源四郎商店，到約翰・藍儂攜小野洋子吃鰻魚飯的老鋪巽屋（TATSUMIYA），不一而足。相馬屋是一家百年老店，起初只賣和紙制的原稿紙，後採納尾崎紅葉的建議，開始經營洋紙質地的原稿紙。這種一頁四百字的縱方格紙，底邊印有「相馬屋製」的字樣，大暢其銷，竟成了東洋出版商和文人計算文字長度、以核定稿費的標準。直到今天，作家們在談及文章長度時，仍習慣說寫了多少枚。那麼，所用稿紙的枚數乘以四百，得出的資料就是總字數。巽屋位於路地的深處，是一棟木結構房子，也很有年頭。因全預約制，且通常只在晚餐時營業，想打一次牙祭並不容易。

正如地名所彰顯的那樣，神樂坂畢竟是神佛之地，善國寺（毘沙門天）、光照寺、赤城神社、築土八幡神社，等等，寺廟眾多，香火極盛。正月的獅子舞，

約翰・藍儂攜小野洋子吃鰻魚飯的老舖「巽屋」（TATSUMIYA）。　作者訪問新潮社。

夏天的阿波舞，不同季節，有不同的祭禮，不同的神輿通過，不同的神樂奏起，但各祀其神，各司其職，倒也相安無事。

週日或節日的神樂坂，是步行者天國。若是好天，頂好去那兒散策。乘JR線在飯田橋下車，出西口，就是神樂坂下。沿坂而上，最宜閒逛，古董店、雜貨店、瓷器店、和果店一間間走過，累了的話，不妨折進日本出版俱樂部會館，看看有什麼活動，說不定能碰到心儀的名作家正舉行簽售，也未可知。

說到出版，文學出版的重鎮新潮社就在神樂坂，一座深巧克力色的大樓，多少有些壓抑感。大樓的旁邊，是一棟和洋混搭的別墅式洋館，內部則是榻榻米和室。那是新潮社為簽約作家提供的招待所，據說居室正中炬燵前的坐墊上，曾盤坐過川端康成、三島由紀夫等超一流作家，炬燵上的筆硯等文具，是他們使用過的，窗外的風景，也曾定格於他們的視野中。這棟House近年接待過的一位賓客，是香港作家陳冠中。新潮社還在附近開設了不止一間Book Café，都很有情調，用書款的點數，可品嘗芳醇的現磨咖啡。最新的一家Book Café是出版社廢棄的、建於七〇年代的舊

新潮社把廢棄的舊倉庫改造成時尚的 Book Café-la kagū。

倉庫改造而成，建築物的外立面是那種常用於倉庫的淺黑色防火石棉瓦，裡面卻是極富設計感的極簡主義空間，有書刊雜誌、陶瓷器、衣物，當然，還有咖啡和洋酒。建築物外面的石棉瓦牆上，鑲嵌著用不鏽鋼材料製成的字板「la kagū」。拉丁字母的店名下面，是一排字號更小的數字「35° 42'13"N 139° 43'59"E」——店所在的地理座標位置，北緯東經，精確到秒，歡迎地球人來店喝咖啡！

僅從這個簡約的看板，便得以窺見日人文化思維的堂奧：原本是「神樂」的日文拼寫「kagula」，刻意將語尾的「la」提到字首，既不影響日文的意蘊，又平添了一種法蘭西調子，顯得現代而洋範。如此文化思維，其實是日人在傳統空間再造和功能轉換時，愛用不已的一種符號化道具，值得我們借鑑。

14 鎌倉文士（上）

從東京的池袋出發，乘湘南新宿線，到鎌倉只需一小時零四分。位於首都圈神奈川縣東南部，三浦半島的根部，南面相模灣，東、北、西三面被山巒環抱，自然風光旖旎多姿。因無論從哪個方向殺入，必經一條叫做「鎌倉七口」的劈山小徑，作為戰略要衝，易守難攻，自古乃兵家必爭之地。

治承四年（一一八〇），源賴朝在鎌倉設置「侍所」，統率「御家人」。後設「公文所」、「問注所」，包攬地方行政、財政和員警事務。一一九〇年，賴朝到達京都，被朝廷任命為近衛大將。建久三年（一一九二），又從京都二條上皇處得到「征夷大將軍」的稱號，此乃代表最高權力法統的背書，從而正式開創了武士政權——幕府。因其設在鎌倉，史稱鎌倉幕府（鎌府）。鎌府存續的大約一個半世紀（一一九二—一三三三），被稱為鎌倉時代。從源賴朝拳兵開始，至第六代將軍宗尊親王歸京為止，鎌府八十七年的歷史，被用漢文記錄在官制史書《吾妻鏡》中。鎌倉時代中期的武將北條即時，在宅邸內建造的藏書樓金澤文庫，是《吾妻鏡》的主要編纂地。後經伊藤博文復興，成為研究、展示鎌倉時代歷史的重要博物館，國家文物。

作為史上最初的武士政權（東洋史學界也有一種看法，認為是繼平氏政權之後的第二個武士政權）的舞台，鎌倉卻很文藝（鎌倉人慣稱自己的城市為「歷史都市」、「文化都市」和「觀光都市」）。日本真正文藝範兒的城市，如果舉出三個來的話，鎌倉必居其一（其它兩個是京都和金澤）。《萬葉集》中收錄了四首詠嘆鎌倉的和歌；吉田兼好的《徒然草》中，也有對鎌倉的記述；江戶時代出版的《鎌倉記》（澤庵宗彭著）、《鎌倉物語》（中川喜雲著）、《鎌倉日記》（德川光圀著），分別記述了鎌倉五山、神社寺廟和該地的風景名所；歌舞伎名劇《鎌倉三代記》（作者不明，有可能是近松半二），全十折，表現的是源賴朝死後，其岳父北條時政憑外戚強勢，干政弄權，甚至不惜幽閉賴朝的遺子源賴家於伊豆的修禪寺，與佐佐木高綱、和田義盛等實力派御家人展開激烈的政爭，最終兵戈相向的故事。

鎌倉自古多文士，近代以降，更加輩出。

一八八一年，北村透谷去鎌倉徒步旅行，被那裡天造地設般的自然風物所吸引，一發不可收拾，後又數次訪問。詩人正岡子規如法炮製，從浦賀至鎌倉，做徒步之旅，留下了詩篇和手記。日本近代醫療衛生事業的開創者、醫師長與專齋到鎌倉視察後，認為此地溫暖宜居，海水浴對結核病的治療有功效，遂在由比濱自建別墅，結果成了鎌倉開發的契機，皇族、華族、政治家等上流社會人士效顰跟風，紛紛在此置業。由比濱海濱設立觀光酒店，大正初年，國家結核病療養所正式開業。

明治二十二年（一八八九），橫須賀線大船至橫須賀間開通，東京到鎌倉的時間，從朝發夕至，短縮至兩小時。這條當初為連接橫須賀軍港的軍事目的而開發的特需線路，客觀上也刺激了鎌倉旅遊的發展，觀光客激增。肺結核多「眷顧」文人，尤其在十九世紀末二十世紀初，肺結核在詩人的筆下是「溫暖的花朵」，兩腮紅潤、哮喘咳嗽的臨床症狀，幾乎成了彼時文人的Logo。而鎌倉有清新的空氣和一流的療養所，是文人們「詩意地棲居」的首選之地。但文人靠寫作為生，須維繫與報館、雜誌社和出版社的日常往來，橫須賀線的開通，提供了條件。一時間，眾多作家、美術家、電影導演來鎌倉定居，如夏目漱石、芥川龍之介、有島生馬、國木田獨步、島崎藤村、吉屋信子、大佛次郎、川端康成、小津安二郎等，「鎌倉文士」碰鼻子碰眼，留下了一批以鎌倉為舞台的文藝作品。

從長谷寺俯瞰鎌倉，自然風光旖旎多姿。

一八九〇年，小泉八雲（Lafcadio Hearn）訪鎌倉，翌年出版了一本印象記《你所不知的日本面影》。一八九四年前後，夏目漱石苦於重度的神經衰弱症，採納友人的建議，來圓覺寺參禪，夜宿塔頭歸源院，適兩週。漱石後在小說《門》中復原了當時的體驗，但登場人物和場景統統置換，如漱石自己為宗助，釋宗演為老師，歸源院成了一窗庵。一九一六年，剛從東京帝大畢業的芥川龍之介成為位於橫須賀的海軍機關學校的教授囑託，下宿於鎌倉的由比濱，後一度離開鎌倉，婚後又攜眷回來，住在大町，並在那兒寫下了《奉教人之死》、《枯野抄》、《地獄變》等初期代表作。

從大正年間到昭和前期，是鎌倉文士時代的繁盛期，廚川白村、林房雄、深田久彌、小林秀雄、川端康成等一大批作家、評論家的創作，為戰前日本文學史寫下了濃墨重彩的一筆。甚至可以說，一部昭和前期的文學史，大半由鎌倉文學運動史構成。其間，一九二三年的關東大地震波及鎌倉，並引發海嘯，英文學者、批評家、著有名作《苦悶的象徵》的廚川白村殞命波濤。川端康成是後來者，定居鎌倉也是被林房雄等人「忽悠」的結果。一九三五年十一月，林在勸誘川端來鎌倉的明信片中如此寫道：

> 吾在山中。空氣清澄、風光明媚。雖然尚不到「山中無鄰人」的程度，但若說「山中無曆日」的感覺，此地倒是不缺的。

擱現在看，簡直就是赤裸裸的地產廣告文案。新感覺派的旗手作家川端哪裡禁得起這般誘惑？是年底便遷居鎌倉，在林房雄的鄰家賃屋而居。戰後又搬到長谷，直到一九七二年口銜煤氣管自戕，至死未離開鎌倉。

昭和九年（一九三四）七月，久米正雄、大佛次郎等人創設作家聯誼組織「鎌倉嘉年華」，久米自任委員長，但戰時被迫中止活動。一九三九年，久米正雄、大佛次郎又創設了「鎌倉筆會」。繼而，中日戰爭爆發。緊接著，是太平洋戰爭。鎌倉文士紛紛被派往前線，成為「筆部隊」的一員：高見順赴緬甸，中山義秀被派到爪哇婆羅洲，永井龍男赴「滿洲」創辦「滿洲文藝春秋社」，蘭郁二郎出征途中在台灣遭遇事故而夭折……國內對輿論的彈壓日甚，整個社會一片肅殺，鎌倉文士的文化活動也陷入低谷。

戰爭後期，由於戰況的惡化，喪失發表的平台，鎌倉文士們的生活日漸艱難。一九四五年五月，久米正雄、川端康成、高見順動議大家拿出各自的藏書，開辦一個貸本屋（即小型圖書館）。貸本屋被命名為「鎌倉文庫」，由作家里見弴揮毫題寫看板。橫山隆一畫了一幅漫畫海報，權當「注意事項」，貼在店中的牆上，上面寫著：「我覺著，無論是誰，來多少趟，書還是要愛護。」貸本屋開在八幡通上，由幾位出資（書）人輪值經理，不承想竟盛況空前，相當程度上填補了戰時鎌倉文士們的「活字飢渴」。畫家清水昆曾畫過一幅漫畫〈貸本屋鎌倉文庫繁昌圖〉，描繪彼時的熱鬧。用川端康成自己的話說：「（貸本屋）是悲慘戰敗之際，唯一敞開的美的心靈之窗。」戰後，「鎌倉文庫」轉型為一家新潮出版社，先後創刊了《人間》、《婦人文庫》、《文藝往來》等雜誌，出版了不少鎌倉文士們的單行本著作。可到底是文人從商，有一搭無一搭，不久即陷於經營不善，於一九四九年倒產——此乃後話。

曠日持久的戰事，民生凋敝，輿論收緊，文化停擺，人心沮喪到極點，鎌倉文士的內心更多了一重疲憊感。昭和二十年（一九四五）六月二十日，北海道出身的普羅小說家島木健作（原名朝倉菊雄）在致作家中村光夫的信中寫道：

……日前貿然造訪，唐突失禮之至。我此番諸般考慮，決心到鄉下去。……以期環境的變化，能惠及新的觀察，從而帶來清新活潑的心態，事業亦能有所精進——我確有這樣的樂觀期待。……在工作上，無論怎樣的情況下，寧做勿斷，我決心持續做下去。

完全是一副自新的姿態。但其時，作家已是罹患重度肺結核，病臥已久之身。在病榻上聽到戰敗的消息，羸弱不堪的島木不禁驚呼：「重新開始，工作要重新開始了！」然而，作家終於未及重新開始——日本投降兩天後的一九四五年八月十七日，病歿，年僅四十二歲。

川端康成主持了島木的葬禮。八月二十一日，在致住在輕井澤的作家川口松太郎的信中寫道：「鎌倉的伙計們全都在，可島木君卻走了。茲定於後天，即二十三日——頭七日，在鎌倉文庫舉行告別式。」

至此，戰爭結束了。鎌倉文士迎來了戰後時代。

15 鎌倉文士（中）

體驗過鎌倉今天的「歡樂祥和」的人，殊難想像「終戰」初期的壓抑。多虧作家高見順在《敗戰日記》中留下了一份真實的紀錄：

九月十日

讀武者小路實篤的《某男》[1]。

鎌倉的街道依然是一片黯然。興許是害怕美國兵闖入吧，家家都緊鎖戶門。街路的黑暗，是沒電燈的緣故。

鎌倉站的電燈倒是很皎潔，有種戰前的明亮。現在能習慣嗎……到底有些異樣。在家中留宿秋山君。

想想也是。戰時，連小說中的戀愛描寫都被禁止的作家們，冷不丁散步到站前廣場，要能適應那燈火通明的感覺，倒奇怪了。

九月三十日

昨日的報紙被禁。麥克阿瑟司令部對禁發令，下達了解除命令。因此，對報紙及言論自由的新措施算是出台了。

如此，什麼都可以自由地寫了！什麼都可以自由地出版了！

有生以來初享的自由！

自己國家的政府理所當然應該賦予自己國民的自由，迄未賦予，卻由占領這個國家的他國軍隊來賦予，回過頭看，羞恥難當。作為愛日本的人，為日本感到羞恥。輸掉了戰爭，占領軍進駐，要說自由被束縛倒是在情理之中，可自由反而被確保。這是多麼可恥的事啊。自己國家的政府，把自己國家的國民的自由——幾乎是全部的自由，統統剝奪，直到占領軍的通告下達，遲遲不予解除，還有比這更羞恥的事嗎？

高見順作為「鎌倉文士」的一員，從東京的大森遷到鎌倉是一九四三年四月的事。彼時，剛結束在緬甸的陸軍報道班為期一年的「徵用」，住在北鎌倉的大船町，旁邊就是夏目漱石曾參禪的圓覺寺和

1 即《或る男》。

東慶寺，高見甚喜。可不承想，一年後，再次被徵用——一九四四年六月到十二月，作為報道班成員赴中國前線。在南京，出席了第三回大東亞文學者大會，同時也親眼目擊了日軍對中國人的殘虐行徑。結束徵用重回鎌倉後不久，高見即開始寫《敗戰日記》。時間從一九四五年一月一日到十二月三十一日，跨越了「終戰日」（八月十五日）等關鍵性的歷史節點。一九五八年七月，這部日記的選編在《文藝春秋》雜誌上連載時，「編者按」寫道：

距離現在十三年前，生活在飢餓、轟炸與恐怖政治中的文學家們，他們到底在想什麼，何所求，是如何活過來的呢？高見順在昏暗的燈下，滿懷悲憤，寫下了根本就沒想發表的戰爭日記《暗黑時代的鎌倉文士》。唯其如此，這份赤裸裸的紀錄，對登場人物的言行及其人性的強弱全無顧忌。我們確信，這是一部可傳之後世的亂世日記。

接下來，八月號的「編者按」又寫道：「高見順《敗戰日記‧日本零年》繼大受好評的前一期之後，描寫了戰後初期混亂的世相，同時卻充滿了對萌芽於荒廢之中的新生日本的愛情。」《敗戰日記》既是研究日本戰敗和被占領時期的社會狀況及國民心態的不可多得的史料，同時也是戰後最初的「鎌倉文學」。高見順筆下的「一片黯然」的街景，其實並沒有持續太長時間，鎌倉便恢復了「戰前的明亮」。

一九四九年，受中共通緝的曹汝霖倉皇逃到香港，旋即又避難東瀛，最初的落腳之地也是鎌倉。他在回憶錄中記錄了戰後初期鎌倉的景象：

鎌倉為六百年前日本幕府時代的重鎮，古蹟甚多，戰時亦未遭轟炸。其時日本佛教正盛，在中國盛唐時代，僧人有到中國學習經典儀規者。……鎌倉之北一站名北鎌倉，古寺更多，都甚整齊莊嚴，建築都仿中國式樣。院中古松參天，亦有櫻花，櫻花時節，大開山門，善男信女，前往禮拜看花者，絡繹不絕。鎌倉瀕海，夏時假日來海邊游泳者，日以萬計……海邊有一盤膝而坐石佛，高達數丈，腹空可容百數十人，亦古蹟之一。街道清靜，行人不多，余每外出散步，頗有幽穆之感。2

鐮倉多寺廟，寺廟依山建；山下是海濱，遊人多如織。曹汝霖到底是日本通，寥寥數筆，便勾勒出鐮倉的風貌。曹說的「盤膝而坐石佛」當指高德院大佛，又稱長谷大佛，高十一米，僅次於奈良大佛。大佛始建於建長四年（一二五二），已歷七百六十二年的滄桑。佛身是鑄銅，原通身鑲有金箔。「腹空」，可「胎內拜觀」，建長年間的鑄銅工藝（而且是整鑄）一目了然。但曹汝霖說「腹空可容百數十人」，是想當然了，準確資料是一次最多容納三十人。大正元年（一九一二）八月十日，夏目漱石給正在材木座度暑假的長女筆子寄了一張明信片。聽說孩子們在高德院「胎內拜觀」，漱石樂得什麼似的，說連老爹都還未鑽進過大佛的肚子，你們倒先鑽進去了……父女情深，溢於言表。

大佛的身後，有一個觀月堂。觀月堂的旁邊，立有明治時期女歌人與謝野晶子詠嘆大佛的歌碑，大意是：在夏木林中佇立的鐮倉御佛喲，你縱是釋迦牟尼

2　曹汝霖：《曹汝霖一生之回憶》，中國大百科全書出版社二〇〇九年四月第一版，四三八頁。

鐮倉高德院大佛，又稱長谷大佛，高十一米，僅次於奈良大佛。

般的神聖存在，卻又如此美男。[3]「美男」云云，透著浪漫派女歌人極富感受性的審美。客觀地說，鎌倉大佛也確實漂亮。但這裡，與謝野犯了一個常識性錯誤：高德院本尊大佛並非釋迦牟尼（釋迦如來），而是阿彌陀如來的坐像。日人基本不會為尊者諱。與謝野歌碑建於何時，我不清楚，但顯然會一直「將錯就錯」下去吧。

對鎌倉的經典文學性描寫，要數「老鎌倉」川端康成。川端從一九三五年搬到鎌倉，至一九七二年自戕，先後換過四處地方，在此間一住三十七年，最主要的作品都是在鎌倉完成的。長篇小說《山音》寫道：

再過十天就是八月了，蟲仍在鳴叫。

彷彿還聽見夜露從樹葉上滴落在另一些樹葉上的滴答聲。

於是，信吾驀地聽見了山音。

沒有風，月光晶瑩，近於滿月。在夜間潮溼的冷空氣的籠罩下，山丘上樹林子的輪廓變得朦朧，卻沒

3 日文原文為「かまくらやみほとけなれど釈迦牟尼は美男におはす夏木立かな」。

鎌倉文學館。

有在風中搖曳。

信吾所在的走廊下面，羊齒葉也紋絲不動。

夜間，在鐮倉的所謂山澗深處，有時會聽見波濤聲。信吾疑是海浪聲，其實是山音。

它很像遠處的風聲，但有一種地聲般深沉的底力。信吾以為是耳鳴，搖了搖頭。

聲音停息。

聲音停息之後，信吾陷入恐懼中。莫非預示著死期將至？他不寒而慄。4

山音，無疑源自川端自身的鐮倉體驗，他用這種大自然的神祕律動來暗喻信吾對兒媳菊子內心的動搖與同情，透出一種異樣的感官性。一九五四年，小說由成瀨巳喜男搬上銀幕，男女主角山村聰和原節子的表演，堪以「耽美主義」來形容。

從戰前到戰後，一部鐮倉城市發展史，簡直就是一部日本現代文學史、文化史——先後在此地「詩意地棲居」的作家、批評家、詩人、電影導演、藝術家，

4 （日）川端康成著，葉渭渠譯：《山音》，南海出版公司二〇一三年八月第一版，五頁。

筆者住在小津安二郎曾長期生活的房間——茅崎館二番屋。

不下三百人。一個奇特的現象是，互為搭檔的人，相互影響，先後成為「鎌倉共和國」的住民：正如川端康成進駐鎌倉是被林房雄「忽悠」的結果一樣，小津安二郎是被里見弴「忽悠」來的，版畫家棟方志功是被小說家菊岡久利「忽悠」的，三島由紀夫之定居鎌倉扇谷則是受了俳人清水基吉的「忽悠」。

一九五二年，小津安二郎定居北鎌倉的山之內，與母親一起生活，直到去世，都未離開鎌倉。嚴格說來，死後也未離開——小津墓就在離宅邸不遠的圓覺寺。小津與里見弴、野田高梧的合作是日本影壇的一段佳話。仨人隔三差五會在茅崎的旅館「柳」吃天婦羅，喝清酒。由里見寫小說，野田寫腳本，小津執導的作品有《彼岸花》、《秋日和》等，均為世所公認的「小津調」代表作。

最能體現「鎌倉文學」的「高大上」品質和「鎌倉文士」存在感的，是鎌倉文學館。這座扼守鎌倉特有的「谷戶之奧」的西洋建築，坐北朝南，東北西三面被山巒環抱，南面開闊，可俯瞰由比濱海濱，風景絕佳。原為加賀百萬石的藩主、舊前田侯爵家的別邸，是一幢有近百年歷史的半木造法國新裝飾藝術風格的

逗子海濱的「太陽季節」文學碑：太陽的季節，從這裡開始。

洋館。偌大的前庭，闢有六百平方米的玫瑰園，種植著一百九十種玫瑰，每年逢春、秋兩季開放，吸引騷客無數。據說，三島由紀夫的小說《春雪》中的別墅，就是以這座洋館為摹本。從大正年代、昭和前期的文豪，直到平成年間的著名作家、詩人，其代表作、手稿、紀念品多有收藏，是一間不折不扣的文學博物館。

天氣晴好之日，看過全部展示內容之後，從二樓的休息室推門出來，走到陽台上。踩在吱呀作響的木地板上，憑欄遠眺，視野無限遼闊，甚至能望見地平線盡頭——湘南海岸上衝浪選手的白色衝浪板。恍惚中，我好像看見青年小說家石原慎太郎戴著墨鏡，穿著迷彩泳褲和花襯衫，叼著哈瓦那雪茄，像他的成名作《太陽的季節》裡的「太陽族」似的，在逗子海岸上追逐著富家女，樂此不疲。

彼時，離高見順在《敗戰日記》中記錄的「一片黯然」其實還不到十年光景。雲泥之別，鎌倉彷彿「換了人間」。

16 鎌倉文士（下）

在小津安二郎執導的影片《麥秋》中，淡島千景飾演的田村綾子，從東京都內來北鎌倉的閨蜜紀子（原節子飾）家中做客，望著窗外的景色自言自語道：「多好呀，鎌倉。我也想住在這樣的地方……」《麥秋》是一九五一年的電影，外景地就在小津家的所在地北鎌倉。小津通過綾子這樣一位中產人家待字閨中的千金之口，說出了戰後初期，城裡（東京）人對鎌倉的嚮往。

日本有兩個城市被稱為「小京都」：一是日本海沿岸的金澤，另一個就是關東的鎌倉。這無非是說這倆城市寺廟眾多，有種古風。特別是鎌倉，不僅神社佛閣林立，甚至有些地名與京都完全一樣，如哲學小路等。不過，對「小京都」的說法，倆城市似乎都不以為然——京都算老幾？言外之意，我們比京都還京都！

客觀地說，若就城市的文藝範兒而言，鎌倉確實不讓京都。不說別的，單看以鎌倉為背景的電影，就

足以排上一長串。其中，頗不乏巨匠的秀作。除了家在鎌倉的小津，屢屢把北鎌倉的圓覺寺、湘南海岸、橫須賀線電車和鎌倉大佛搬上銀幕，構成了所謂「小津調」的重要元素外，其它如成瀨巳喜男執導的名作《山音》，以川端康成的同名長篇小說為藍本，劇情發生的舞台——主人公信吾一家所棲居的能聽到「山音」的家，也是川端曾住過的、位於甘繩神明社旁邊的舊邸。二〇一五年，由是枝裕和執導、綾瀨遙主演、斬獲了第六十八屆坎城最高獎的《海街日記》，堪稱是一部鎌倉「觀光案內」的劇情片，極樂寺、本覺寺、鎌倉大佛、七里濱、江之電、佐助稻荷神社……如夢的場景輪番切換，演繹了一個糾結、心碎而又治癒的故事。

鎌倉大美而宜居，在東瀛是公認的。我曾看過一個NHK的電視片，記者隨機採訪一位鶴髮童顏的老者，九十多歲了，看上去頂多像七十出頭的樣子，手提購物袋，正健步如飛地往家趕。記者問他保健的祕訣是什麼，老人笑曰：「活在鎌倉唄——俺在這兒住了八十多年了。」二〇〇五年以後，日本人口跌入負增長，「高齡少子化」社會迅速擴大，可鎌倉的人口

沿著湘南海濱行走的江之電，本身就風情萬種。

卻未減反增，且外來青壯年遷入者多於老年人的自然減少，人口結構維持著良性迴圈。如此業績，簡直羨煞那些苦苦掙扎於人口銳減、勞動力不足怪圈中的自治體。

東、北、西三面環山，南面濱海。自古作為戰略要衝，易守難攻。沿著相模灣曲折的海岸線，分布著江之島、逗子、葉山等名勝地，遊人如織，鎌倉人喜歡把自己的城市稱為「歷史都市」、「文化都市」或「觀光都市」。文化，首先是源於歷史：鎌倉是日本最早的武士政權——鎌倉幕府（一一九二—一三三三）的所在地，有種遠在「江戶之上」的歷史優越感和滄桑感，在《萬葉集》、《平家物語》、《吾妻鏡》等歷史文獻中都有記載，有形文化財多到不勝數。有歷史底蘊的城市更有文化，而文化多了，會蔓延、四溢，彌散到各種空間，再與時間（歷史）相交錯。走在鎌倉的街頭，真是連一塊普通的店幌都要看個仔細，一不小心，就可能遭遇文學史、文化史——所謂「好有文化，好文藝」，說的大約就是這種感覺吧。

早在明治初期，鎌倉便開始了商業開發。明治二十二年（一八八九），隨著橫須賀線的開通，東京至鎌倉的車程縮短為兩小時。從此，帝都文人騷客們的鎌倉行腳便多了個由頭。起初是行腳，接著便是「移民潮」——所謂「鎌倉文士」現象，也應運而生。而就在前一年，詩人正岡子規從浦賀港出發，到鎌倉的徒步旅行，客觀上成了對鎌倉「前現代」的最後檢閱。

一八九四年，深陷重度神經衰弱的夏目漱石，為自我療救，去北鎌倉的圓覺寺參禪，夜宿於寺內的塔頭歸源院。半個月的參禪修行，不僅使病情大為緩解，而且為現代文學史貢獻了一部小說《門》。圓覺寺建於鎌倉時代後期的弘安五年（一二八二），是臨濟宗派的總本山，名刹中的名刹。風水之好，沒得說。小津安二郎的家，就在附近。死後也埋骨於此，墓碑上只刻了一個「無」字。以圓覺寺為舞台的文學作品，不只是《門》。犖犖大者，還有川端康成的長篇名作《千羽鶴》，開篇就描寫了一場茶會：

菊治踏入鎌倉圓覺寺院內，對於是否去參加茶會還在躊躇不決。時間已經晚了。

接著，以茶室、茶碗和茶的小道具為「包袱」，層層展開了一個不祥而恐怖的故事，被文學圈稱為慾望描繪的「魔界文字」。

川端康成是老鎌倉了。雖然是孤兒，但幼時曾聽祖父說，其家族延續了鎌倉幕府第三代執政北條泰時的血脈，不知是否構成作家選擇鎌倉的理由。一九三五年，三十六歲的川端移居鎌倉，住在上文提到的位於長谷甘繩神明社旁邊的老宅裡。一九六八年十月，折桂諾貝爾文學獎。朗報傳來，老宅被記者團「包圍」。晚年，川端離開了長谷的能諦聽「山音」的老宅，把工作室搬到了逗子的一間公寓——至死，未離開鎌倉。

川端出道早，輩分高，人又厚道，是公認的文壇領袖。他死時，滿七十二歲，並不很老。其生涯剛好一分為二：前三十六年，外在於鎌倉；後三十六年，則在鎌倉「詩意地棲居」。不過，歷經戰時的困厄和戰後初期的困頓，說「詩意」，怕也詩意不到哪兒去。不僅沒那麼詩意，川端在鎌倉送走了一個又一個作家，其中不少是他的後輩：橫光利一、菊池寬、島木健作、堀辰雄、高見順、林芙美子……作為鎌倉文壇的核心，川端每每充當葬禮主持人，乃至被人戲稱為「葬禮名人」。

這種角色對作家的內心，也許不無影響。他在一篇叫〈岩菊〉的短篇中，曾如此寫道：

我的友人和知人已經走了好幾個了。那些人的墓建好，我已經屢屢見識過用各種形態的石材建的墳墓了。站在墓碑前，自然會緬懷故人，也禁不住瞎想起自己與那塊石頭的事兒來。

回頭來看，應該說，川端康成是那種很早就穿越於生死兩界的作家。直至一九七二年四月十六日，在逗子的公寓口銜煤氣管自殺。據說那天，作家生前常牽愛犬散步的由比濱海濱的晚霞格外美。

與「和事佬」的文壇前輩川端康成剛好相反，文藝批評家、法文學者澀澤龍彥是鎌倉的另類。澀澤也愛鎌倉的歷史文化，但更愛美的生活，真正是在鎌倉「詩意地棲居」。他躲在明月谷的豪宅書齋裡，研究中世紀的惡魔學和西方情色藝術的「誘惑之美」，也研究富於季節感的四季美食和「快樂主義哲學」，房間裡擺滿了表情怪異的玩偶、人的骨骼和各種珍稀動植物的標本。喜歡聽黃鶯、子規鳥、虎斑地鶇的啼鳴，並以之來判斷節氣。尤其是茅蜩的初鳴，每年是一定要屏息靜聽的。臨死前的筆記中，還記載了最後聽到窗外虎斑地鶇啼鳴時的感受。然而，對自然如此有愛的澀澤，在鎌倉卻是最難合群的一個。除了畫家金子國義、橫尾忠則、池田滿壽夫和作家三島由紀夫、演出家堂本正樹等屈指可數的幾個密友外，與文壇和「鎌倉文士」幾乎是老死不相往來。偶爾散步、遛狗，與鄰人的作家狹路相逢，充其量也就是微微頷首而已，臉上永遠是一副高冷的表情。

可如果你覺得澀澤龍彥是鎌倉「奇葩」的話，其行為舉止與另一位藝術大鱷——陶藝大師北大路魯山人相比，就成了小巫見大巫了。澀澤再孤僻，周圍也還有三島由紀夫等「小伙伴」。而魯山人是真正的「異端」，獨行俠一般的人物，不但沒朋友，直怪到「六親不認」：其女因偷賣了幾件陶器，被老爹發現，從此攆出家門，至死未再見。可「異端」如魯山人者，卻也有熱血柔情的一面：

一九五一年，日美混血的美籍雕塑家野口勇與滿影大明星李香蘭結婚。但在戰後初期百廢待興的東京，苦於沒有合適的住處。野口勇做前衛雕塑，需要大工作室；而李香蘭仍在拍電影，每天要去大船的松竹攝影所。一個偶然的機會，二人拜訪了鼎鼎大名的「人間國寶」魯山人。當時，年逾古稀的陶藝家鰥居於北鎌倉山中，一處有兩百年歷史，江戶時代茅草屋頂農舍風格的大宅邸裡，守著一大片山林，掛牌「魯山人雅陶研究所」，前店後窯，自產自銷。魯山人只住母屋，其它房子都閒著。「請把這兒當成自個的家，盡情使用就是」——主人一句話，野口夫婦就算落定了。

在這個被魯山人稱為「夢境」的居所兼工作室，夫婦一住就是一年半，直到野口勇隻身回美國。白天，女明星去攝影所拍片，雕塑家和陶藝家各練各的。晚間，待李香蘭回來，仨人一起喝酒，完全是「職人」範兒的生活，交流都與藝術有關。後因某種原因，野口夫婦離婚。但夫婦二人對在「研究所」的「香格里拉」式生活都充滿了溫暖的回憶。很多細節，讀來不禁莞爾：如李香蘭有暇時，會親自下廚為二人做滿洲料理，但通常是「地主」魯山人請客。飯點一到，陶藝家會用木棒敲一敲吊在母屋房簷下的一塊板木，像敲木魚似的。只要聽到「木魚」聲，夫婦二人立馬撂下手中的活，滿懷期待地奔進母屋。李香蘭畢竟是女明星，每次在院子裡晾洗過的內衣，都會小心翼翼地掛在避開母屋視線的地方……

如此，鎌倉——這個日本近代文藝的策源地，就這樣一路文藝著，任性地文藝著，不但至今未見收斂跡象，而且文藝的版圖越來越大。

因動漫《灌籃高手》，江之電湘南高校前站成了小資朝拜的據點。

17 町田

廣義的大東京，市區集中在東部的二十三區（也稱區部或都內），面東京灣。而西部是廣袤的多摩丘陵，毗鄰神奈川縣、山梨縣和埼玉縣（也稱多摩二十六市或都下）。以東京、澀谷、新宿、池袋等都心、副都心為起點，以七條地鐵和中央、西武、京王、小田急、井之頭、田園都市等國私鐵道線為「扇骨」，從東向西，呈扇面狀輻射的交通網，幾乎覆蓋了多摩地區每一個城鄉聚落，絕大部分地名，變成了車站。

在橫貫多摩丘陵的多摩川以南，有一個巨型町鎮——町田市，人口約四十三．五萬人，僅次於二十三區和東京的大學城八王子市，居第三。兩個主要車站，小田急線町田站日均吞吐三十萬人，橫濱線的町田站約十二萬人，在整個首都圈，是僅次於新宿的第二大站。我曾在不止一個場合說過：東京的魅力，在於其多元性，不同的街區（車站），有不同的表情（文化）。在這個意義上，町田堪稱是東京的縮影：從站前熙攘繁華的昭和風商店街，到閒適的住宅區，從洋範兒時尚的大

町田市立國際版畫美術館面積廣大。

學區、學生城，到一派牧歌式的里山風景，從偌大的公園和公園裡超級專業的美術館，到市民文化中心和全國最大規模的古書店……町田的表情之豐富，委實不可小覷。否則便難以解釋，何以會有那麼多作家、藝術家選擇在町田「詩意地棲居」。

羅馬城不是一天建成的。町田作為東京的衛星城，也有其發生和發展的歷史。一九七〇年代，町田站前再開發工程正在緊鑼密鼓地施工時，偶然出土了埴輪（陶俑）。遂優先考古發掘調查，開發工程一時叫停。初步調查的結果，推定為彌生時代後期的村落遺跡，且範圍頗廣，剛好涵蓋了町田站周邊地區，被認為是東日本最大級的考古發現。一時間，考古、歷史學界和媒體沸騰。但是，車站周邊畢竟是鬧市區，難以實施長期的發掘調查。於是，開發規劃被修改：沿車站樞紐建築一圈，全部高架，原設計的地面人行步道改為二層，一層則交付考古發掘。為此，東京都和自治體政府追加了龐大的建設預算。如今，近半個世紀過去了，發掘調查仍在持續，預計將於二〇二〇年完成。至今，町田站前的瀝青路面上，仍可見用白漆噴塗的「ハク專用」[1]標識。

在東京西南部，從東到西，依次分布著鎌倉、橫濱、大船、小田原、熱海、箱根、伊豆等歷史文化名城或溫泉觀光名勝，除伊豆外，清一色是神奈川縣的轄區。町田位於大船與小田原之間，一般人自然會以為也隸屬於神奈川縣。在郵遞區號制度施行之前，常有人在明信片或信封上寫「神奈川縣町田市」，然後投入郵筒，基本送達無虞。認為町田屬神奈川縣，也並非毫無道理。發源於町田西北部草戶山的境川，一路向東南，流過町田全境，注入相模灣。正如這條河的名字一樣，它剛好構成了東西兩個國的境界線：河西是相模國，河東是武藏國。明治四年（一八七一），廢藩置縣，包括今天的八王子市、町田市在內的三多摩地區（西多摩郡、北多摩郡、南多摩郡）劃入神奈川縣。明治二十六年（一八九三），三多摩又併入東京市。幾乎與藩政時代一樣，境川又成了東京和神奈川縣的分界線，河西是神奈川縣，河東是東京市（當時為市，即後來的東京都）。如此行政改革，名義上是著眼於東京都飲用水源（玉川上水）的管理，暗裡則是對三多摩地區日益高漲的自由民權運動的警惕——置於首都管轄之下，強化控制。

境川以北，還有一條河，叫鶴見川，在町田的鶴川

1　「ハク」是「発掘」的略稱，即考古發掘專用車道。

附近，與真光寺川合流。昭和十八年（一九四三）初，實業家白洲次郎夫婦預料到隨著戰況的惡化，空襲和食品短缺必至，來郊外物色疏散棲身之所。在南多摩郡的鶴川村，相中了一處江戶時代風格的農舍，便斥資購置下來。因地處古時武藏國與相模國的邊界上，遂命名為「武相莊」（buaisou），日語的發音剛好與次郎喜歡的一個詞「無愛想」[2]相同。彼時，因對未來感到悲觀，次郎已從日本水產會社（株式會社日冷的前身）董事會成員的位子上裸退，退職金全部投在了該房產上。白洲夫婦很喜歡這處郊外的「高冷」舊宅。次郎原本就有職人情結，這回索性操起了道具，親手修繕，一切DIY，把一棟茅葺屋頂的農舍，修葺得質樸大氣而治癒，各種細節，充分體現了一種古風的職人範兒。

彼時，次郎四十一歲，妻子白洲正子才三十三歲，但二人已打算隱居，晴耕雨讀，了此餘生。曾留學劍橋的次郎以「Country Gentleman」自況，居偏安之地，卻隨時關注政局和戰況的發展。日本戰敗後，吉田茂「三顧茅廬」，恭請其出山。白洲後在與美占領軍當局（GHQ）的交涉和制憲問題上發揮了重要作用，並參與了通產省體制的設計。而夫人正子，則專念於古董收藏和寫作。製陶大師北大路魯山人的工作坊在鎌倉，離白洲家不遠。每逢開窯，正子必受邀去現場觀摩。魯山人嚴格檢視成品，有時隨手送一兩件給正子，殘次品則當場敲碎。所以武相莊日常使用的生活器皿，很多是出自魯山人的名瓷，說起來很是金貴。但夫婦倆倒也沒那麼在乎，隨意用來喝咖啡、待客。武相莊的客人中，頗不乏志賀直哉、小林秀雄、青山二郎那樣的文藝大家。一九七九年，正子出版了一部《鶴川日記》，用隨筆的調子記錄了武相莊的誕生、日常和戰後初期鶴川、町田的田園風景。一九八五年，白洲次郎去世；一九九八年，正子去世。夫婦二人至死未離開武相莊。二〇〇一年十月，武相莊作為白洲次郎紀念館對外開放，是町田市政府指定的重要史跡。不遠處，還有一處新撰組歷史資料館。

町田作為首都圈最具文藝範兒的城鎮之一，其源流可追溯至江戶時代。作為連接交通要道東海道和甲州街道的大山道通過的區域，是幕府官宦、武士和地方豪農的混雜之地，原本就有多元文化的土壤。近代文學的先驅、受自由民權運動的洗禮而登上文壇的詩人、文藝評

2　日文中「無愛想」，有「高冷」的意味。

論家北村透谷，苦戀町田的民權活動家石阪昌孝的女兒美那子，經過一番「要麼死，要麼瘋」的追求，終於修成正果，始以町田為據點開展創作活動，成立讀書會，創刊《文學界》雜誌，但到底還是做下了厭世主義的病根。於一八九二年發表的題為〈厭世詩家與女性〉的文學評論，其尖銳而出位的文學觀和女性觀給同時代作家島崎藤村以強烈的衝擊。皈依基督後，痛感信仰與愛的雙重缺失，厭世主義情緒進一步發酵，一八九四年，在東京的芝公園上吊自盡。

隨著町田城市化功能的開發與完善，作家文人不斷流入。明治四十一年（一九〇八），橫濱鐵道原町田站開通。昭和二年（一九二七），小田急線開通新原町田站和鶴川站。兩年後，私立玉川學園開園後，小田急線又開通了玉川學園站。一九四六年，日本基督教教育家、北京崇貞學園（今朝陽區陳經綸中學的前身）的創立者清水安三，在町田創設了櫻美林學園。從「終戰」至一九六四年，作家遠藤周作、福本和也、野田宇太郎、石川桂郎，名畫家蕗谷虹兒，前衛藝術家和小說家赤瀨川原平等文藝家相繼遷入，町田市發展成十萬人城市。六、七〇年代，隨著櫻美林大學、國士館大學、和光大學、相模女子大學、多摩美術大學等院校的開校，町田成了一座大學城。筆者的兩位忘年交——著名中國問題前輩學者矢吹晉教授和名畫家、隨筆家澤野公先生也在那個時期移居町田。至一九八二年，町田的人口已達四十萬。

東京奧運會的前一年（一九六三），小說家遠藤周作從目黑區的駒場，搬到了玉川學園的新宅，一住就是四分之一個世紀，是作家生活最久的地界。遠藤原本就有肺結核的宿疾，移居町田之前，曾一度復發，結果導致三次手術，輾轉病榻兩年半之久。出院後，若再次復

町田市民文學館我必訪之地。

發，可能會死的陰影始終在作家心中揮之不去。幸運的是，玉川學園的生活治癒了他。有一幀照片，是遠藤從公寓的陽台上眺望窗外的風景，顯然是作家日常的一瞬。周作夫人遠藤順子在回憶夫君的文章〈町田時代的遠藤周作〉中寫道：

與東京不同的是，這兒綠樹成蔭，空氣清澄。兩三分鐘爬上一緩坡，山突然就在眼前呈現。因我家就建在向西眺望，視野盡頭處的那片山巒之上，看丹澤的群山就像抓在手裡似的，清清楚楚。那種一刻不停地變換著的雄大風景，真是無論什麼樣的工作勞累，都能治癒。春天，梅花開了，木蘭、烏木蓮等各種花卉依次綻放……在身邊的雜木林，數不過來的落葉樹競相從淡紅色變成催人蘇醒的淺綠色。在這種美麗的自然的包圍中，眼瞅著，遠藤一天天恢復了健康。

遠藤在玉川學園的歲月，從四十歲到六十四歲，剛好是一個作家的成熟期，最重要的作品幾乎都是在那兒完成的，如《沉默》、《深河》、《我拋棄的女子》，等等。遠藤自己顯然也很受用玉川學園的環境，把書齋命名為「狐狸庵」，作家因而也被稱為「狐狸庵先生」。但狐狸庵先生在狐狸庵的創作，並不總是「沉默」式的，相反，很多詼諧之筆，談饕餮的輕鬆文字，也都是狐狸庵的出品。作家歿後，原先存放於玉川學園宅邸的手稿、遺物和藏書，悉數被運至長崎外海町，在那個面向大海的《沉默》的文學舞台，建了一間遠藤周作紀念館，於二〇〇〇年五月，對公眾開放。

作家野田宇太郎遷入町田比遠藤周作晚了十年——一九七三年，定居圖師町。這位以文學散步著稱的作家，旋即把散策路線圖延長至三多摩地區，對這個自己行將終老之地，展開了一番從文化人類學到文學史意義上的田野調查。野田在散步時，必攜帶四種道具：計算距離和步行時間的碼表，一台機械相機（佳能4SB，鏡頭f1.8），筆記本和速寫本。散步後，即成文字，在報紙上連載，一邊在無線電台直播，同時結集出版。於一九七九至一九八四年陸續出版的《野田宇太郎文學散步》全集，煌煌二十六卷。其中，《東京文學散步》共九卷。第七卷是對三多摩地區文化遺跡和作家足跡的探訪，有不少鮮為人知的發現及作家的解讀。

如他以前曾在紀念北村透谷的資料中，瞭解到島崎藤村的遺孀靜子等詩人的生前友好，為紀念詩人曾立過一座文學碑——「幻境」之碑。但隨著戰後東京的城市化，文學碑幾經遷移，已沒人說得清遷到了何處。野田在探訪南多摩八王子的時候，在谷野町的一個新興住宅團地內兒童遊樂場的一角，偶然發現了那座碑：一塊近乎四方形的天然石，正面刻著「幻境」二字和「造化弄人，人也支配造化」的碑文。但這碑文其實是透谷生前一段話的前兩句。如此「摘抄」，意味不明，頗有斷章取義之嫌——這好不容易發掘的「幻境」之碑，卻令野田作家感到了某種「幻滅」。

野田遷居町田伊始，即創設町田筆會，親任會長，並發行會刊。東京在戰前曾有三大「文士村」（田端、馬込、阿佐谷）。而日本文化界有種看法，認為戰後町田人文薈萃的現象，實際上構成了「町田文士村」。町田雖然大部位於丘陵地帶，但腹地夠大，地理環境的變化富於層次感。都市化進程雖快，卻並未破壞城市的文化機理，這一點迥異於東京郊外的其它睡城。從戰後初期的城鄉結合部，到高度增長期的田園都市，從商業街、住宅區、大學城，到農園、牧場、松鼠園，町田的城市表情極為豐富。因交通便捷（距新宿和橫濱均只有

町田市立國際版畫美術館坐落在芹谷公園內。

三十分鐘車程），人口增長過快，加上二〇〇〇年前後，隨著新宿地區風俗規制強化，一些風俗業者轉戰町田站前商業街的緣故，治安問題一度凸顯，町田被媒體稱為「西部歌舞伎町」。一部有名的推理小說《金瓶梅殺人事件》（天藤真著），便以町田為背景舞台。城市化進程中的問題，會隨著城市規模的縮小和地方自治體的努力而逐漸改善，但城市文化的形成，則需歷史的積澱，而一旦成形，便化為都市文化性格的一部分，很難褪色——這，正是町田的魅力和宜居性之所在。

町田的文化資源之集中，在東京眾多的衛星城中罕見其儔。除了教育資源外，美術館、畫廊、書店和圖書館、市民文化中心的完備也是出名的。町田市立國際版畫美術館，坐落於市區東北部的芹谷公園內，從小田急町田站出發，步行約需十五分鐘。整個建築宛如一片森林中的紅磚裝置，精緻完美，與周遭環境高度融合。作為世界頂尖的版畫美術館，除常設展外，經年舉辦各類版畫、攝影和架上美術的企劃展。開館三十年來，已成為東京，乃至日本全國的主流美術館之一。特別是在版畫領域，其專業水準是一流的。姑且不論其策展的藝展內容本身，由版畫美術館編纂，作為出版物

版畫美術館之建築外觀。

正式出版的各類圖錄和研究專著，其學術價值也不可小覷。多年來，筆者先後從館中店（Museum Shop）購買了不下二十種圖錄和研究專著，頗不乏需時而翻閱的學術和藝術精品。如研究魯迅與中國木刻藝術運動史的《一九三〇年代・上海・魯迅》（一九九四），如表現一九四九年後中國紀實攝影的《中國報導寫真——現代化之路》[3]（一九八九），如《西廂記與明代插繪本》（一九九三）、《二十世紀美國版畫》（一九九九）、《現代版畫潮流》（二〇〇五）、《中國的山水和花鳥——明清繪畫的贗品》（二〇〇八），等等。

文化人紮堆之地，自然少不了書店和文具店。新刊書店，從蔦屋，到文教堂、久美堂、啟文堂、有鄰堂等書店連鎖，應有盡有。僅久美堂一家，在市區就有四間店鋪，經營新刊圖書和文具。在小田急線町田站東口本店，闢有一排書架，專門銷售町田作家的作品，如森村誠一、白洲正子、太田治子、三浦紫苑、村田沙耶香，等等。比起新書店，一般來說，舊書店更被視為一個城市文明程度的指標。成美堂書店，以日本和海外的文藝書、繪本、美本所藏之豐而著稱。而同樣的貨色，價格

3 即《中國報道寫真　近代化への道程》。

作為世界頂尖的版畫美術館，經年舉辦各類版畫、攝影和架上美術的企劃展。

卻比城裡的神保町書街更便宜。

常泡東瀛舊書店的書客，恐怕對高原書店不陌生。從小田急線町田站北口出來，沿「幻横丁」徒步四分鐘，可見一棟鋼混四層建築，入口和樓頂上，都打著醒目的明黃色看板：高原書店。可別小看這家舊書店，一九七四年創業，以單店鋪營業面積論，上下四層樓，逾七百二十平米，是日本第一，且在小田急沿線的新宿、相模原等地段均擁有實體店鋪。前店主高原坦嘗言：「書是文化財產。將這筆財產留給後世，是古書店的使命。」雖然出版業在縮水，但對舊書店來說，書會越來越多，「賣場面積永遠不嫌大」。為此，高原書店不惜在德島建了一千坪（一坪約等於三・三平方公尺）巨型倉庫，憑藉高效的物流，以地面店加網店的形式，展開立體銷售。筆者自己，正是這種「巨無霸」古書模式的受益者——多年來，我發現有很多苦苦搜求、遍尋不得的珍本過刊，有意無意間，最後都是通過高原書店入手的。二〇〇五年，高原坦因心梗猝逝，享年僅六十一歲。後夫人高原陽子繼任店主，經營規模進一步擴大。今天，以古本所藏一百三十一萬種，平均每月收購古書二・三萬冊的實績，在古書業界，一騎絕塵。

因所藏甚夥，高原書店定期發行的古本目錄冊子很有名。町田本店內的美術沙龍，也成了東京西部的一個文藝據點，遠藤周作等當地名流是常客。二〇一二年，青年女作家三浦紫苑的小說《編舟記》獲本屋大獎。因同名日劇的緣故，三浦在中國也相當知名。但其實，早在二〇〇六年，作家便以小說《真幌站前多田便利屋》[4]斬獲直木獎，時年才二十九歲。小說的舞台，便是町田站前幻横丁的高原書店。一九九九年，三浦從早稻田大學畢業，遭遇就職冰河期，面試了二十餘家公司，全部淪陷。後經友人介紹，好歹在一家外資系公司落腳，卻苦於聽不懂從海外打來的英語電話，奮戰三個月後，黯然辭職。其後，在町田高原書店打工，直到二〇〇一年。而這段經歷，卻成了三浦的創作素材。小說後來不僅被搬上銀幕，還改編成系列漫畫，分三卷出版，受眾頗多。劇中兩位主人公的玉照，成了幻横丁所有加盟店之間，資訊共用並對外免費發放的店鋪指南刊物《MAHORO横丁》的封面。那調子真的很文藝，很町田。

4　即《まほろ駅前多田便利軒》。

18 箱根

每一次去箱根，我都有一個強烈的感受，即日本近代化的完成。什麼意思呢？就是說，近代以降，以國土開發為中心的近代化進程，在箱根這個地方得到了全方位的見證：從草創期的開發遺跡，直到完成度極高的文化設施，以不同時期建設的形形色色的交通機構和線路連結起來，像一張巨大無形的網，籠罩在箱根山茂密的植被間，構成了一幅絢爛繁複的三維文藝地圖。

箱根山的起源可追溯至四十萬年前，頻仍的火山活動，造成了三重式火山，不僅形塑了雄渾多姿的自然景觀，宛如一個天然地理公園，而且帶來了神奇的賜物：溫泉。日人自古就知道，溫泉是個寶，可治病療傷，熨帖身心。鐮倉時代，開始有人翻山越嶺，來此地尋求湯治[1]。對當時的旅人來說，那些在崇山幽壑中，汩汩噴湧，冒著熱氣，散發著濃烈的硫磺味兒的溫泉，簡直就是地獄。事實上，直到江戶時代，今

1　日文，泡溫泉治療宿疾之意。

箱根大文字山（遠處山頂處可見一個「大」字）。

天箱根的一些著名溫泉地如大湧谷、小湧谷等，確實被稱為「大地獄」、「小地獄」。

關於箱根山溫泉的發現，缺乏可靠的文字記載，只能根據一些傳說來推測溫泉開發的早期歷史。如江戶前期的歌人北村季吟曾寫道：「天平十年（七三八），泰澄[2]的弟子淨定為防治皰疹計，在此地請白山權現[3]，並修十一面觀世音咒經。於是，地裂泉湧。」「此地」，指今天的箱根湯本，而湯本溫泉則成了箱根山史上第一處溫泉。打根兒上說，箱根溫泉就是為了對付當時的瘟疫皰疹，僧人奮起修法感動神佛的結果，湯治自然是最大功用。在交通隔絕，天險橫亙，人的自由行走尚受限的前現代，為疾病所苦、尋求湯治的人們翻山越嶺而來。

如此，一處溫泉，早已不敷利用。到了江戶時代，除了湯本之外，還有塔之澤、堂島、宮下、底倉、木賀、

2 加賀（即今石川縣）白山的名僧。奈良時代天平八年（七三六），全國皰疹流行。朝廷命泰澄修十一面觀音法，奈良都周邊地區遂免於瘟疫波及。

3 融合了白山的山嶽信仰與修驗道的神佛合一的神祇，以十一面觀音菩薩為本地佛。

箱根湯本車站。

蘆之湯六處，加起來共七處溫泉，稱為「箱根七湯」，且泉質成分、水溫、療效各異。人們不僅去溫泉場尋求湯治，更有達官顯宦派人去溫泉取湯，再運回家中治病，稱為「獻上湯」。據說，獻上湯的習俗源於慶長年間，德川家康從熱海溫泉取湯療疾。從各地來的溫泉客，加上往江戶運送獻上湯的隊伍，充斥於東海道上，口耳相傳，箱根溫泉遂廣為人知。

習慣上，湯治講究「三輪」，每輪一週，三輪是二十一天。泉場附近有湯宿，湯治客可住宿，每日去泉場泡湯。後來，泉場見有利可圖，便自己蓋了房子，旅人可留宿，邊泡湯——此乃溫泉旅館的雛形。這樣一來，經營湯宿的業者不幹了，告到官府，要求取締泉場的「非法」住宿設施。可幕府從經濟發展的立場出發，比較「向前看」，索性承認了泉場方面擴大經營的合法性，史稱「一夜湯治事件」（指原本需二十一日療程的湯治，亦可縮短為一泊）。幕府對泉場旅館經營的公認，極大促進了箱根溫泉的開發。至天保年間，全箱根山的溫泉旅館主締結營業協定，對外統一發行溫泉案內圖等，擴大影響。就像今天神保町書店街似的，其實是一種準行會的自治組織。

明治六年（一八七三），福澤諭吉前往塔之澤溫泉一泡後，在《足柄新聞》上撰文，「要想富，先修路」，力倡修築連結箱根七湯的道路。國民「近代化總設計師」福翁的建言，對溫泉場主們相當管用，行會很快動了起來。隨著明治十八年（一八八五），從箱根的玄關小田原至湯本的新路開通，幾個主要溫泉地之間的盤山道等基建工程相繼竣工。明治二十一年（一八八八），從東海道線府津，經小田原，到湯本的馬車鐵道開通，十二年後，實現了電氣化。大正八年（一九一九），從湯本到強羅間的登山鐵道開通。兩年後，空中纜車工程竣工。與此同時，由小田原電氣鐵道和富士屋機動車兩家公司（後合併為一社）開發的公共機動車道投入使用。可以說，經過明治—大正期的持續開發，早在近百年前，箱根山就已經形成了相當完備的立體交通網。此後，只是一個不斷強化和升級的過程。

光緒三年（一八七七）十一月二十六日，黃遵憲從神戶港登陸，作為大清首任駐日公使，開始了為期四年的使日外交活動。四年中，應不止一次去過箱根，寫了四首詠懷詩，不僅記述了此間自然環境之壯美無儔，而且對泉場湯宿有過細緻入微的描繪，即使在日本，亦不失為對箱根早期開發的珍貴紀錄：

> 群山若堂防，依岩各構屋。家家爭調水，曲筧引修竹，泠泠滴簷角，汩汩出岩腹。曉鴉猶未興，已有遊人浴。東屋鳴琴弦，西屋鬥棋局，南屋垂釣竿，北屋羅簡牘。蛟毫展涼簟，鶴氅被輕服。……平生煙霞心，奈此桑下宿。行攜《桃源圖》，歸我貧簹穀。[4]

箱根位於橫濱西南，與橫濱同屬神奈川縣，依山靠海，嶽色湖光，美不勝收，早在明治初期，便成為外國人的療養地——住在橫濱的老外，喜歡去箱根避暑，泡湯。箱根各泉場為接待洋人，從洋式家具到西餐，全盤西化。明治十一年（一八七八），實業家山口仙之助投資興建的外國人專用酒店富士屋飯店在宮下溫泉開業，酒店有自己的牧場，提供新鮮的牛乳和牛肉，甚至附設專用的火力發電所。與此同時，溫泉開發技術進一步提高，曾幾何時的「七湯」發展成「箱根十二湯」。洋人、政治家、財閥競相建別墅、洋館，箱根成了洋味兒十足的國際觀光地。明治期，一些洋人拍攝的箱根風光攝影，那種牧場、草坪、洋館的背景，乍一看，以為是瑞士。正是由於箱根位於首都圈邊緣得天獨厚的地理位置——既「偏安」而並不很遠，及作為溫泉療養地的特殊定位——基礎設施完備，高級、洋範兒，太平洋戰爭後期，東京遭遇美軍地毯式戰略轟炸，箱根成了學童和外交人員的疏散地。一九四四年前後，箱根共接收了來自橫濱等地的七千名學童和一千三百六十名外國人。

戰後，根據美軍當局的占領政策，財閥解體，資產家被課以高額的財產稅，權貴們不得不撤手一些高檔不動產。一時間，箱根空出了成批的別墅、洋館。後那些設施幾經易手，多轉化成旅館、酒店等公共設施，從而更強化了箱根的公共性。經過短暫的戰後復興，很快成了超有人氣的觀光勝地，泉種也從過去的「十二湯」，發展為「箱根十七湯」。原本就已經相當完善的交通網進一步升級，私鐵小田急線延伸至箱根，山中火山湖蘆之湖上有大型遊輪航行，登山鐵道和登山巴士不達的地方，有纜車代步。在氣象條件允許的情況下，觀光者可從空中俯瞰大湧谷熱氣蒸騰的

4 見《人境廬詩草・遊箱根》四首之四。

箱根這座城市有濃厚的文藝性根底，號稱藝術之城，境內的箱根美術館是一座美輪美奐的日式庭園。

「地獄」光景。

但在這種高度便捷、無遠弗屆，甚至不無「疊床架屋」之嫌的立體交通網背後，是異常殘酷的商業競爭。作家獅子文六有一部商戰小說《箱根山戰爭》，描寫了戰後從一九五〇年到一九六八年，在堤康次郎率領的西武集團和以安藤楢六為首的小田急集團，及其背後五島慶太主導的東急集團之間，圍繞箱根山道路和軌道交通建設而展開的一場你死我活的慘烈商戰。赤裸裸的利益角逐，連交通省的高官也被捲入。後被東寶公司拍成了同名電影。

但箱根的魅力，並不僅僅在於溫泉、度假這些旅遊業的標籤，而在於其文藝性。不過，話說回來，所謂「文藝性」的根子，無非在一群不可救藥的作家文人。而文人之迷戀箱根，到底也還是奔著其雄奇瑰麗的自然勝景和浪漫治癒的溫泉宿場來的。從今天的湯本車站出來，沿早川溯河而上，徒步約十五分鐘，岸邊有一棟連體式木結構建築——福住樓：明治二十三年（一八九〇）創業，位於箱根最古老的「七湯」之一的塔之澤溫泉，毗鄰早川溪谷，是一棟京普請式數寄屋風格的溫泉旅館，國家認定的有形文化財。樓分三層，共有十七間客房，卻沒有兩個完全相同的房間。福澤諭吉、夏目漱石、島崎藤村、嚴谷小波、大佛次郎、吉川英治、里見弴等文人，審美趣味和生活習慣各異，每每去箱根泡湯，都有各自指定的房間。如川端康成習慣住在「桐三」間，因為聽不到早川的溪流聲，可安心執筆；幸田露伴喜歡從「梅一」間的窗戶眺望溪谷對岸的紅葉，春夏之交，據說還能聽到河鹿的鳴叫；而島崎藤村則獨鍾「松二」間，也成了其小說《春》的舞台。

谷崎潤一郎對箱根的迷戀是出了名的。但細究起來，這種迷戀也是「其來有自」，基本與彼時的某女有關。當然，「某女」不止一位。一高時代，谷崎在日本最早的西餐廳精養軒店主北村重昌家當書生兼家庭教師，與同住在北村家的小女生福子墜入愛河。福子全名叫穗積福，是塔之澤溫泉一家名叫松本屋的溫泉旅館老闆的女兒，當時在北村家見習禮儀做法。後二人關係敗露，福子被送回父母家，谷崎也被北村趕走，不得已又回到了一高的學生寮。但離開了北村府，倆人的關係仍在持續，谷崎三天兩頭往箱根跑，福子也常來東京會谷崎。有時夜不歸宿，谷崎會幫她安排住處。據谷崎東大的同學、後成為政治家津島壽一回憶，「我曾受谷崎之託，在我的下宿屋中留宿過福子小姐。對這件事，無論是當時，還是其後，我一直守口如瓶」。穗積福，是後來困擾谷崎作家一生的「紅顏禍水」之濫觴。

福子早亡。死的時候，谷崎在鎌倉附近的鵠沼，借宿在一間名為東屋的旅館兼料理屋的別館，與文學界的來往多了起來，佐藤春夫、芥川龍之介、久米正雄、宇野浩二等人常來聊天。正是在那兒，谷崎對小姨子靜子（千代夫人的妹妹）移情，後發展成沸沸揚揚的「小田原事件」。

「小田原事件」，顧名思義，發生在小田原（彼時，谷崎已經從東京的本鄉搬到了箱根的玄關小田原），在娛樂新聞的八卦下，亦被繪聲繪色地報導成「細君[5]讓渡事件」，即谷崎和作家友人佐藤春夫圍繞對千代夫人的處置問題而交換的君子協定：谷崎將夫人千代讓給佐藤，自己則與妻妹靜子同居。可靜子另有屬意之人，谷崎作家被生生「涮」了一道，無奈收回承諾。已深深愛上千代的佐藤春夫憤而投書報端，

5 「細君」，在日文中既是「太太」，也有「人妻」之意。

與谷崎絕交。

住在小田原的谷崎作家，「一言不合」就上箱根山。大正十二年（一九二三）九月一日，午後二時許，從蘆之湖畔的溫泉旅館出發，乘巴士前往小湧谷，途中趕上了關東大地震。谷崎原本就特怕地震，淨看一些關於史上大地震的文獻和地震學者的文章，以防患於未然，不承想竟在箱根親歷了歷史性巨震。目睹箱根山崩地陷、一片火海的慘狀，他第一時間想到住在橫濱本牧的家人的安危。憑一個江戶子的直覺，他估計山手線和東海道已經阻斷，走陸路很難到家。於是，當機立斷走水路，從沼津乘船到神戶，再從神戶回到橫濱。谷崎是不可救藥的悲觀主義者、文明懷疑論者，從關東大地震的廢墟，看到了日本傳統文化的寂滅，遂在內心做出了移居關西的重大決定。

至此，作家的東京時代打上了休止符，以崇洋為主題的《痴人之愛》成為前期的代表作。而後半場的基調，是回歸東洋傳統。他在位於神戶六甲山腳下蘆屋的那棟帶偌大中庭、寬敞豁亮的洋館裡，連續出版了《蓼喰蟲》、《春琴抄》、《細雪》等著作，今譯《源氏物語》，在穿和服、操關西腔的女眷們的簇擁下，

箱根依山靠海，從成川美術館的 Lounge，可隔窗遠眺蘆之湖景和雪富士。

含情脈脈地禮讚陰翳。

以箱根為舞台的現代文藝作品不少，最出名者，當屬渡邊淳一的《失樂園》。週末，一對野鴛鴦從派對會場消失，駕車徑直去箱根，下榻仙石原飯店，「不知為什麼，一到了這兒，就安心多了」。入夜，二人在皎潔、清澄的月光下做愛，「蒼白的女人肉體正是奉獻給月亮的貢品」。數波高潮過後，男人發出了對女人由衷的讚美：「妙極了，簡直是日本第一。」

翌日，遊蘆之湖，再從湖尻乘纜車上海拔一千三百米的駒岳山。從山頂眺望，「箱根的群山，遠處的富士山直至駿河灣的美景盡收眼底」。晚上，二人在半山腰的可俯瞰蘆之湖的餐廳用膳。吃到半截，久木來到涼台，眺望著晚霞映照下起伏的群山，對凜子低語道：

在這兒待下去該多好啊。

凜子沒吱聲，輕輕點了點頭。久木下決心提議道：

「咱們再待一晚吧。」

遠望著暗下去的湖面，凜子微微點了點頭：「好呀……」

於是，倆人各自給家屬打電話，又「請了一天假」。但當夜的做愛，卻不復前夜的纏綿，平添了一種沉重感——「此刻，久木斷定，兩人已越過了那條鴻溝」：

無論多麼愛慕凜子，久木也不曾想越過那條鴻溝的，而現在他們正越過這最後一道鴻溝。到了這個地步，恐怕再難回頭了。前面就是槍林彈雨的最前線，弄不好兩人會雙雙中彈倒下的。「妳沒事吧……」久木想用語言再確認一下，卻發現凜子已淚流滿面了。

不景氣的平成年代，一對中產男女的偷情故事，放肆地撩撥了上班族的心弦。渡邊淳一不愧是學醫出身的不倫小說家，從人體的生理組織結構上，把性高潮這件事兒，做了一番解剖學式的描寫。小說從平成七年（一九九五）九月一日起，在《日本經濟新聞》晨刊上連載一年，之後出單行本，並搬上銀幕。連載期間，訂戶驟增，報紙大賣自不在話下，我至今仍記得在早晨擁擠的通勤電車上，西裝革履的「企業戰士」

雕刻之森美術館（上），以及其園區內的館中館——畢卡索美術館（下）。

貪婪地讀日經連載的情景。更誇張的是，每逢「濡場」[6]的橋段，日經指數都跟著漲，幾乎成了「泡沫經濟」崩潰後，股市的唯一利好。還有一點，是筆者的想像，尚需業界統計資料的支撐：小說中在箱根的幾場「濡場」，應對箱根的觀光業不無刺激。

箱根之「好美、好文藝」還在於，那是一個藝術之城，美術館、畫廊真多了去了。在心裡隨便一數，窮十指而不能盡之，如箱根美術館、玻璃之森美術館、雕刻之森美術館、攝影美術館、Lalique 美術館、Pola 美術館、星王子美術館、成川美術館，等等。箱根遊人如織，可到底是衝著溫泉來的，還是來美術館觀展的，還真是一個問題。

千萬別以為溫泉觀光地的美術館嘛，無非拿藝術說事罷了，其實難副。應該說，東瀛其它觀光名所，確有類似情況，可箱根的美術館，專業性真是當仁不讓。如一九六九年開館的日本第一間戶外美術館雕刻之森美術館，坐落在一片丘陵上。在七萬平方米的綠地上，貌似隨意地散落著百餘件雕塑，頗不乏羅丹、布羅爾、亨利‧摩爾、野口勇等世界級雕塑大師的作品。館中館——畢卡索美術館，所藏畢翁真跡之多，狀態之完美，令人咋舌。

我個人最愛的美術館，是二〇〇二年開館的 Pola 美術館。建築物位於一片森林中，遠看像一只倒扣的玻璃碗，用已故前衛藝術大師赤瀨川原平的話來形容，則是「蔥綠中的玻璃容器」，建築本身就是對與自然共生的環境藝術的最好詮釋。展廳全部在地下，卻完全沒有通常地下設施的窒息感，因為那只巨大的玻璃碗充分保障了整個建築的採光。作為一間企業美術館（所有者為一家化妝品公司），Pola 美術館對畢卡索、馬蒂斯、亨利‧盧梭、藤田嗣治等巨匠的收藏是驚人的。幾年前，筆者為寫作藤田嗣治的傳記（《巴黎畫派中的黃皮膚》，山東畫報社二〇一四年一月版），曾先後三次前往 Pola 觀展。

最是 Pola 的館中店（Museum Shop），令人流連。那兒的圖錄和藝術圖書，是我見過的東瀛最具專業範兒的美術館前三（其它兩家是東京國立近代美術館和東京都現代美術館），且時時更新，每次去，都會有出其不意的發現。除了出版物之外，茶具、文具、小萌飾、盆栽，對了，還有 Pola 特製的曲奇，總令你難

6 日文「濡れ場」，性描寫之意。

抑擲幣的衝動。那個裝曲奇的鐵盒，極富設計感，底面積剛好是明信片的大小，現在成了我的明信片專用收納盒，放在書架上。每當看見它，都會想到箱根，想到小塚山下的那片森林，想到「蔥綠中的玻璃容器」。

上次泡湯時，我曾發誓是最後一次去箱根了。可就在寫這篇文字的當兒，卻分明感到「身未動，心已遠」……

蔥綠中的玻璃容器—— Pola 美術館。

玻璃之森美術館。

Tokyo

輯三

神保町散策

1 —— 前史・周氏兄弟

感覺這幾年，隨著中國學人東瀛訪學的驟增，媒體上對日本古書肆的介紹明顯多了起來。每每讀到描寫神保町的文字，內心總會泛起一種溫情和愧疚混搭的情緒：溫情無須解釋——我對神保町的念想，至遲在離開神保町一週之內必會燃起，且越燃越烈，直至下一次重訪；愧疚，是因為多年來神保町惠我良多，我卻無以回報。而這種愧疚感越是強烈，我便越發不願在一般場合下泛泛而談。對文化人來說，神保町是一份沉甸甸的念想，它的品質甚至影響人們談論它的方式。

十幾年前，筆者「人在東京」的歲月，曾在給國內朋友的信中，故作牛逼哄哄卻不知深淺地寫道：「本世紀初，哺育了周氏兄弟的神保町書店街，今兒哺育著毛毛。」「毛毛」，是我當年在朋友圈裡的綽號。結果，回國喝酒時，當面遭到哥們一本正經地質問：「你丫憑什麼把自個的名字跟魯爺和周作人相提並論，難道不害臊嗎？」我本來就是打哈哈，自然無須感到「害臊」，但周氏兄弟與這一帶的瓜葛確是一個事實——此乃後話。

這一帶全稱是神田神保町，位於千代田區北部，東西向的靖國通和南北向的白山通在此交叉，交叉點便叫神保町。以這兩條大道為區劃，在東西南北各形成幾大塊，沿順時針方向分別是：北邊西神田，東北猿樂町，東邊神田駿河台，東南神田小川町，南邊是神田錦町、一橋，西南是九段南，正西是九段北。神田自古是武家之地，武士宅邸和寺廟眾多。戰國大名越中神保一族的後人、江戶時代旗本[1]神保長治的宅邸就在今神保町二丁目一帶，據說這就是神保町這個地名的由來，宅邸前有條小道叫神保小路。

老東京人，被稱為「江戶子」。日文中的「江戶子」，有種愛誰誰的灑脫範，而神田正是江戶的代名詞。生於神田、受神田明神保佑的江戶子，日文中的語感類似於皇城根的老北京，但遠比後者更「粹」。一首江戶時代的流行小調唱道：「生於芝[2]地，長於神田。如今

1 江戶時代幕府將軍家的直屬武士。

2 舊江戶地名，能望見品川沖的東海道風景名所。現位於東京都港區。

啊，咱成了消防隊的纏持……」在清一色純木結構家屋的江戶，火災頻仍，消防是大事。若是武家宅邸著火的話，消防行動由大名和旗本親自坐鎮指揮；町人居住區發生火災的話，則由町人自行組織消防。消防組的標誌物是「纏」（matoi），狀如燈籠，被一支竿子高高舉起，上面印有消防組的標識，務須醒目。火災發生時，手持「纏」的壯漢（曰「纏持」）守在交通要道口，為消防組指路，同時警示路人：此地火事，危險繞行！你看，神田江戶子，不單是「酷」，且不乏公共性。也許這就是神保町成了舉世聞名的書店街的緣由？天底下還有比開書店更富於公共性的事業嗎？

當然，這是笑談。不過，有位日本作家說過，近代東洋知識社會的支柱不是東大、早稻田，也不是《朝日新聞》和《文藝春秋》，而是神田神保町書店街。此言得之！書店街的歷史幾乎與日本近代文明開化的歷史等長。江戶末期，幕府把原來位於小川町的洋學人才養成機構「蕃書調所」遷移至一橋，後改稱「洋書調所」、「開成所」，是東京帝國大學的前身。其後，除了學習院（學習院大學前身）、外國語學校（東京外國語大學前身）、高等商業學校（一橋大學前身）

神保町街景。

外，又相繼有明治、專修、法政、中央、日大等大學在此落戶——神田神保町成了日本最初的大學城。學生和學者紮堆之地，自然會有對書籍的需求。於是，書店、出版社、中盤商、印刷所應運而生，且越來越密。至明治末期，已形成頗具規模的書店街。

對中國人來說，這條書店街還具有一重特殊的意義——日本最早的中國城（China Town）。日本接收清朝留學生，始於明治二十九年（一八九六）：經清廷總理各國事務衙門考試選拔的十三名官費生抵日，由日外務大臣西園寺公望委託的教育家、高等師範學校校長嘉納治五郎在神田三崎町租了一戶獨門獨院的宅子，開始授課——此即後來的弘文學院的前身。以此為開端，中國留日生越來越多，呈幾何級數增長：至魯迅入弘文學院（一九〇二年）的第二年，突破千名；一九〇四年，達一千三百人；翌年，達一萬人。除了弘文學院外，清國留學生會館、經緯學堂、中華留日基督教青年會館、東亞高等預備學校……神田神保町地區一下子冒出數不清的面向中國留學生的教育機構，陳天華、秋瑾、汪精衛、蔣介石、魯迅、周恩來……這一大串名字，見證了從甲午戰爭到五四運動之前的中日關係。

一九〇六年，周作人赴日，與大哥一起住在本鄉湯島二丁目的伏見館。正是在那兒，他頭一次見識了十五、六歲的下女乾榮子，「赤著腳，在屋裡走來走去」。東洋女性的天足，令知堂到晚年都難以忘懷。翌年，哥倆又搬到東竹町中越館，還是在本鄉。一九〇八年四月，周氏兄弟與友人許壽裳等移居西片町十番地呂字七號（即「伍舍」），年底再度遷至同一番地的波字十九號。搬來搬去，始終未離開神田神保町那旮旯。周作人對那一帶的環境顯然相當留戀，他晚年在《知堂回憶錄》中寫道：

我們以前都是住在本鄉區內，這在東京稱為「山手」，意云靠山的地方，即是高地。西片町一帶更是有名，是知識階級聚居之處；呂字七號以前夏目漱石曾經住過；東邊鄰居則是幸田露伴，波字十九號的房東乃是順天堂醫院的院長佐藤進。

魯迅其實也挺滿足，雖然他絕少流露，與東洋「國民作家」夏目漱石前後腳住同一寓所，感受著同樣的氣場，能不滿足嗎？連日本學者柴崎信三都覺得這「西片町的家」，是一種「文學的不可思議的機緣」：「歸（東）京後第三次選擇的下宿屋是漱石的『西片町的家』，並非偶然。魯迅處於彼時日本文藝思潮的濃厚影響之下，是顯而易見的。」

東大赤門前的洋食堂青木堂，是夏目漱石在《三四郎》中描寫的主人公與廣田先生邂逅的場所，也是嗜甜食的紹興文青周樹人經常坐在靠窗的座位上享受牛奶果子露（Milk Shake）的地方。不僅如此，據柴崎信三考證：「在『伍舍』，魯迅頗受用日本生活方式。早晨睜開眼，先躺在那兒吸上幾枝『敷島』香菸，然後讀報。喜歡日本的綠茶。用過中餐後，身穿和服、頭戴鴨舌帽的主兒，便趿拉著木屐，蹓躂著去日本橋的丸善書店和神田的舊書店。下宿屋的榻榻米上放著文几，他用小學生的硯台和毛筆寫作。」[3]這種範兒確實很夏目漱石。

魯迅與夏目漱石的文風有無神似之處，見仁見智。但周作人認為，「伍舍」時代魯迅迷東歐文學，而「對於日本文學當時殊不注意，森鷗外、上田敏、長谷川二葉亭諸人，差不多只重其批評或譯文，唯夏目漱石作俳諧小說《我是貓》有名，豫才俟其印本出即陸續買讀，又熱心讀其每日在《朝日新聞》上所載的《虞美人草》……豫才後日所作小說雖與漱石作風不似，但其嘲諷中輕妙的筆致實頗受漱石的影響，而其深刻沉重處乃自果戈理與顯克微支來也。」[4]誠哉斯言，知兄莫如弟也！在同一席榻榻米上讀書、睡覺、寫字，能沒一點「通感」傳染嗎？

不知為什麼，國人談神保町書店街的文字，絕少涉及周氏兄弟。可我總覺得這哥倆「存在感」特強，可「穿越」。正因此，十數年前，小生在致友人的信中才敢大言不慚，拿周氏兄弟說事。雖說是打哈哈的口氣，沒一點正經，但確是內心的一份敬意使然。

3　柴崎信三《魯迅の日本　漱石のイギリス》（日本經濟新聞社，一九九九），一五二頁。

4　見周作人：《關於魯迅之二》。

2 細節・連結

對日本社會來說，支撐東洋文化軟實力的支柱，既不是東大、慶應、早稻田，也不是東映、松竹、寶塚，而是神保町。這塊以東西向的靖國通和南北向的白山通為「龍骨」的「飛地」，麇集了約一百七、八十家舊書店和三、四十家新書店及眾多的出版社、中盤商、製本屋、文具店，藏書量不下於一千萬冊，儼然一個印刷活字城。

其實，日人自己並不關心神田神保町書店街的排名問題，他們不過是來此淘書、淘碟，淘換之餘，喝咖啡、吃咖哩飯而已。倒是洋人，鹹吃蘿蔔淡操心，念念不忘東洋文化牙城的國際地位問題。如被認為比日人更瞭解日本的「日本通」、已故哥倫比亞大學教授愛德華・喬治・塞登斯蒂卡（Edward George Seidensticker）在《東京：下町山之手 1867－1923》一書中說，作為世界性的古書集散地，除了神田神保町之外，北京的琉璃廠和巴黎的塞納河畔也很有名，但神保町無疑是其中之犖犖大者。

不過，愛教授的研究，其實還僅限於神田神保町在明治、大正年間草創期的繁榮，嚴格說來，並不是我們今天所見的神保町書店街。大正十二年（一九二三）的關東大地震中，書店街燒得片紙無存，連夏目漱石為岩波書店揮毫的木製看板都燒沒了。但僅僅一年後便得以重建，並作為與東京都震後復興事業配套的一環，實施町名地番整理，將原來分成北、南、表、裡（神保町）四塊的地界，最終於昭和九年（一九三四）統合為神保町，這才成了繁盛至今的書店街發展的基盤。該區域規劃設計的許多特點，都是東京或日本其它城市所不具備的，有些則純粹是出於為書的考量。如奇數番一律位於靖國通的南側，而偶數番則位於路北側。你若想尋找神保町一丁目四十一番的話，即使找到了四十二番，也休想在隔壁發現四十一番，而務須繞到下一個斑馬線處穿過靖國通，再走近一站地，才能到達目的地。再如，靖國通上的書店多奇數地番，絕少偶數，這點非神保町的通人殊難察覺。個中緣由，蓋出於保護古書免受陽光直曬的考慮：書店立地於路南，坐南朝北，而路北則是文具店、體育用品店、咖啡廳或咖哩屋、拉麵館。想到如此思路竟產生於關東大地震之後，不能不感佩於日人城市規劃中的細節主義及其「早熟」。

神保町不大，卻也不算小。首先，構成「龍骨」的靖國通、白山通，在東京人的概念中，都是不折不扣的通衢大道。每條大道，從近端到遠端的書店，都相隔差不多兩站地，中間有數十家書肆；其次，被兩條十字交叉的「龍骨」分割成東南西北的四「象限」中，分布著細密的胡同和甬道，宛如人體的毛細血管，而每一條「血管」，都串連起好幾家書肆。因此，想要把神保町「一網打盡」幾乎是不現實的，最好是按不同的區域或類別，分階段、分步驟地「分而食之」。

連結神保町的主要方式有二：地鐵派和JR（國鐵）派。前者簡單，自一九七三年六月，都營三田線開通後，乘地鐵可直達神保町的核心部。神保町站共有七個出口，其中一個連著岩波大廈，另一個則緊挨著廣文館書店，隔一條小甬道，對過就是著名的文人咖啡「沙保」（Sabor）吃茶店。這種連結的風險在於，對神保町的「新米」來說，一下子置身於神保町的心臟地帶，四顧都是書肆、咖啡，反而找不著北，易成「迷子」。除此之外，地鐵派中，還有另外兩種連結路徑：一是乘新宿線在小川町站下車，出站後從路北的澤口書店，或路南的神谷書店起，沿靖國通從東向西；二是乘東西線或半藏門線在九段下站下車，沿靖國神社大鳥居下的坡道一路向東，均可遍掃此間約六、七成的店家。

神保町不大，卻也不算小。構成「龍骨」的靖國通、白山通，在東京人的概念中，都是不折不扣的通衢大道。

筆者是鐵杆的ＪＲ派。這不僅是由於ＪＲ的票價略低於地鐵，更在於這種連結方式更能體驗神保町的縱深感——它不是一條書街，而是一座書城。同為ＪＲ派，根據不同的時間帶與「掃街」時間的長短，亦有不同版本的連結路徑，我稱之為午間版、晚間版和週末版。

午間版最捷徑，最高效，訪問的店家自然有限。可有限歸有限，你卻不會失望。因彼時，筆者就職的公司就在ＪＲ御茶之水站聖橋口的斜對過，聖橋口便約定俗成地成了我神保町散策的起點。但客觀上，這卻是最合理的選擇。聖橋口的旁邊，有家叫三進堂的舊書店，門臉極小，由一對老夫婦經營。照實說，與神保町深處眾多書肆相比，我並不覺得這家書店很有特點，但因其位置特殊，占盡地利之便，竟成了一家老鋪。每當我重回書城，但見三進堂的看板猶在，老夫婦笑容依舊，內心便有種踏實。記得我曾在那裡買過一冊三省堂一九八三年第六版的《GEM袖珍英和・和英詞典》，只有文庫本的一半大小，小羊皮封面，書口和上下切口燙金，透明塑膠套裝，異常精緻，價格也不菲。在尚未裝備電子辭書的歲月，這本小詞典

每當我重回書城，但見三進堂的看板猶在，老夫婦笑容依舊，內心便有種踏實。

曾常住於我的西裝口袋中，伴我度過了多少困倦、失意的通勤時光。

三進堂斜對過的丸善書店御茶之水店，即上世紀三〇年代魯迅通過內山書店訂購洋書的那家書店，成立於明治維新後的第二年，本店位於日本橋，是日本最早、也是最大的圖書文具連鎖店之一。隨手翻一翻新書台上的學術新刊和新近上貨的雜誌，也未必買，彷彿是日常的課業。沿著丸善邊上的一條細坡道朝南走，天氣晴好時極爽，迎著陽光，一路下坡。沒走幾步，左手邊就到了尼古拉堂。這是日本最大的東正教堂。小津安二郎的電影《麥秋》中，原節子與二本柳寬邊喝咖啡邊聊天。從咖啡廳的窗子，能看見尼古拉堂淡綠色的圓頂，想必那家咖啡就在附近。再往前，過了日大理工學部、中央大學駿河台紀念館和三井住友海上大廈，沿路上幾家小書肆（風光書房、小沼書店等），或駐足流覽一會兒，或繼續前行，全憑彼時的心情和時間，有一搭無一搭。到了一個丁字路口，左右兩側的街角上，一家鞋店，一家洋菓子店，這便是靖國通了。右手邊VICTORIA體育用品大廈的對面，是著名的藝術書店源喜堂，我在那裡買過的寫真集和

位於御茶之水的尼古拉堂，是日本最大的東正教堂。

藝術圖冊不計其數。源喜堂位於一樓半，樓下的半層加地下室，是另一家映畫系書店武內書店，有很多老電影畫報、老海報和老唱片。有些海報很珍貴，有寺山修司、橫尾忠則的親筆簽名等。出入其間的讀者，很多是演劇青年，多有明星範兒。一般來說，看過這兩家之後，午休時間便過了大半，再往神保町深處走就不現實了。於是，匆匆忙忙原路折返。

如果說午間版連結是「I」形的話，晚間版就是「L」形。五點四十五分下班，六點離開公司，沿著聖橋口前的馬路，徑直走到JR御茶之水站的西口，再從西口沿明大通一路南下。一路經過大出版社為如期付梓而「軟禁」名作家，以「逼迫」其趕稿的專用酒店山上大飯店、明治大學正門和不計其數的樂器店、畫材店，便到了靖國通上的駿河台下，南北的街角上是兩家著名書店書泉和八木書店。我習慣過馬路，沿靖國通向西蹓躂，從三省堂起，依次逛過八木書店（古書部）、東陽堂書店、悠久堂書店、一心堂書店，再從位於巷口的小宮山書店朝南，踅入鈴蘭通。這條巷子上，有更多令我心儀的書肆，如著名的中國書店內山書店、東方書店，藝術書店波希米亞書房、荒魂書店，新書店東京堂及正對著三省堂後門的文具百年老鋪文房堂。神保町的書肆大多在晚上八點或八點半打烊，絕少有晚過九點的店家。如此一圈逛下來，即使是走馬觀花，差不多也該到點了。再說，肚子也在咕咕抗議了。於是，迅速踅進一家最近的拉麵館或咖哩屋。將背包和左右手中印有書店Logo的手提紙袋放在旁邊的椅子上，第一口札幌生啤酒的味道，豈是一個「爽」字了得！

每逢週末，我會用整個下午加一個晚上的時間泡在神保町，連結的範圍也要大一圈，大致是一個「U」形路線。沿靖國通，從小宮山書店的巷口，繼續朝西走，經過田村書店、日本文藝社、奧野書店、一誠堂書店、欅木書店[1]、文華堂、矢口書店，然後從廣文館書店前的十字路口朝北拐，沿白山通徑直前行。一路依次逛過燎原書店、魚山堂書店、東西堂書店、神田書房，還有幾家門臉極小的專營AV畫報的舊書店，快到水道橋車站的十字路口時，路邊有家法律、歷史和辭書的專門舊書店丸沼書店。過去十五年來，我先後從那裡買過「東洋文庫」中所有與

1　即「けやき書店」。

中國有關的書籍；研究社一九八〇年第五版的《新英和大辭典》，大十六開真皮精裝，精美至極；講談社一九九一年版的《日本全史》，大十六開布面精裝，可按年代日期檢索從繩文、彌生時代直到一九九〇年間日本列島的全部歷史……一擲何止千金。

但這種連結方式存在一個問題，那就是從靖國通到水道橋，是一個上行坡道，所訪書肆既多，肩扛手拎，是真正的「北上」。春秋還好，冬夏的話，則異常艱辛。每每好不容易挨到水道橋車站西口時，我都會有虛脫感。此時的唯一選擇，便是踅進車站後面的小巷中，到那間狹長的、燈光昏暗、牆上貼滿了明治、大正年間老海報的Rétro（法語，復古的，懷舊的）調居酒屋喝上一杯。端一扎連玻璃容器都被冰鎮得掛著白霜的生啤酒，邊低頭在膝頭摩挲剛買來的舊書的感覺，幾乎是感官性的。遺憾的是，二〇一二年冬天故地重遊，我試圖如法炮製，重溫舊夢，卻發現那家居酒屋竟倒閉了……

3 書肆面面觀

你可以一天逛遍東大、早稻田，或狄斯奈樂園，但休想一天閱盡神保町。道理簡單，幾乎無須詮釋：保守估計約有一百七十家店鋪，即使每家蜻蜓點水十分鐘，也要花整整二十八個鐘頭，還不算走路的時間。不過，所謂「弱水三千，吾只取一瓢飲」，盡逛既不現實，似亦無此必要。神保町書肆既多且細，高度分眾化。一般說來，建築師未必一定要逛心理學書店，而登山專門書店對藝青來說也並非必選項。可是，書店像溫泉，是要泡的。泡透了，才好淘，知道淘什麼，怎麼淘。而這一泡，活兒可就長了。

從功能上，神保町的書店大致可分成三類：新書店、舊書店和專門書店（新舊書兼營）。新書店有三省堂、東京堂、書泉等；專門書店如中國研究方面的內山書店、東方書店和山本書店；除此兩種外，其它均為舊書店。

位於駿河台下岔路口處的三省堂書店，地上八層、地下一層，是日本最大的綜合性學術書店之一。駿河台下店是本店，有四十家以上的分店，遍布全國。由龜井忠一於明治十四年（一八八一）創業。創業之初，是一家不起眼的舊書店，店號取自《論語》中的「吾日三省吾身」。一八八八年，刊行《韋氏新刊大辭書和譯字彙》，大暢其銷，成為所謂「辭書的三省堂」之濫觴。一九〇八年開始陸續刊行的《日本百科大辭典》（全十卷），是日本最早的百科事典。後因辭書事業投入過大，經營難以為繼，經歷過一次破產，於大正四年（一九一五）重建。重建後的三省堂實行辭書出版部門獨立核算，書店經營風生水起，越做越大。三省堂版辭書，種類未必是最多的，但絕對有特色，一朝付梓，便不斷修訂、再版，越釀越醇，有點像我國商務版的《現代漢語詞典》。如筆者多年來愛用不已的日文工具書《新明解國語辭典》、《全譯讀解古語辭典》等，堪稱辭書中的精品。

五年前，駿河台下本店的斜對過，有一家叫「自遊時間」的分店，店堂面積在神保町一帶算大的，基本以雜誌為主，種類相當全，還有不少過刊，內部分區隔成半封閉的空間，兼營文具、咖啡。日本一定規模的書店，多有自己的文具店，並不稀奇，但那兒的咖啡確實別有情調：長條桌擺成「口」字形，桌前一圈木椅，每只椅子前有一盞老式檯燈，宛如一個自習教室。客人對桌而坐，或讀書看報，或打開電腦工作。中午時，偶有西裝革履的上班族在座位上打盹，權當午睡了。全無四目相對的緊張與尷尬，無論閱讀還是工作、打盹，都鴉雀無聲，專心到極致。「自遊時間」的倒閉，很是讓東京的文青們黯然神傷。

神保町當然不乏別致的咖啡，如前文曾提過的著名文人咖啡「沙保」（Sabor）吃茶店。但筆者有個積習，在「掃街」的間隙，一般只泡書店裡的「書咖啡」。除非該掃的都掃過，拎著各大書店大大小小的手提袋，才會在上車回家之前，到「沙保」一類的地方喝杯咖啡，順便整理一下剛入手的新舊圖書。如此說來，除了三省堂「自遊時間」外，不能不提東京堂。

東京堂書店創立於明治二十三年（一八九〇）。今天位於神保町鈴蘭通上的東京堂貓頭鷹店，就是這間百年老店的創業始祖。創業之初，東京堂雖也零售圖書，但主要是中盤商，是今天東販和日販的前身。彼時的中盤商，遠比零售商有實力，明治四十四年（一九一一）竣工的新店頗氣派，卻在大正二年

東京堂書店創立於明治二十三年（一八九〇）。今天位於神保町鈴蘭通上的東京堂貓頭鷹店，就是這間百年老店的創業始祖。

（一九一三）被燒毀。是年底重建的店鋪，木骨混凝土三層結構，是當時日本最具代表性的現代建築之一，可不幸又在大正十二年（一九二三）的關東大地震中再次焚毀。今天鈴蘭通上的貓頭鷹店是昭和四年（一九二九）竣工的建築。四年後，圖書批發部門剝離，單獨成立了東京出版販賣會社（即今東販前身），鈴蘭通的店鋪遂成了一家純粹的書店。

　一九八二年，東京堂在神田新建了六層高的大廈，作為本店開業。平成十六年（二〇〇五），鈴蘭通的老店命名為「貓頭鷹圖書站」（Fukuro Book Station），被讀書人暱稱為「貓頭鷹店」。該店所有的書皮、書籤上都印著一個神祕的貓頭鷹Logo：站在下弦月上的貓頭鷹、站在枝椏上的貓頭鷹，象徵著思想、守望者，還是夜貓子型文人？貓頭鷹店的「書咖啡」在一樓銷售點的後面，有一排靠窗的高桌高凳。我愛坐在那兒，享受一杯拉花拉出貓頭鷹圖案的卡布奇諾，一邊翻閱新書，一邊有一搭無一搭地望著窗外：鈴蘭通上的訪書客不緊不慢，左右穿行；對面專營AV畫報的舊書店門可羅雀，偶有穿米色風衣、拄枴杖、頭戴大禮帽的長者出入，像極了永井荷風。

與貓頭鷹店相隔一個路口，是東方書店；東方書店的斜對過，是內山書店——這是兩家最著名的中國書店，店幌均由郭沫若揮毫。前者成立於一九六六年，其前身是創立於一九五一年的極東書店。東方書店版的中文辭典，是修習漢語的日本人的必攜工具書；書評性月刊《東方》雜誌是日本漢學界重要的學術資訊刊物。

至於後者，說來話長。簡言之，其前身可追溯至戰前（一九一七年）於上海北四川路開業、魯迅等左翼中國文化人時常光顧的內山書店。戰後，老闆內山完造作為「敵性國民」被國民政府限期離境，近三十載的苦心經營付諸流水，只帶了隨身行李回國。昭和十年（一九三五），內山完造的胞弟內山嘉吉在東京世田谷區的祖師谷大藏開辦了東京內山書店，一九六八年遷移至此，一九八五年改建——此乃今天的內山書店。東方書店和內山書店，加上位於靖國通盡西頭、專營中國古本的山本書店，雖然門臉都不算大，卻是東洋漢學界至關重要的存在，時而能見泰斗級的學者出入其間。

對筆者來說，神保町的最大魅力是那些特色舊書店。波希米亞書房[1]、源喜堂和蜻蜓文庫[2]，是個人最愛逛的三家藝術書店：源喜堂的書最全，更側重攝影、外國藝術家和現代藝術；波希米亞書房與池袋西口的夏目書房是連鎖店，偏重日本畫和明治、大正時期藝術，從祖輩開始不懈蒐集的竹久夢二肉筆畫和各種真跡，蔚成大觀（不過，樓上的展示畫廊我是輕易不敢去的，怕就怕自個萬一摟不住，一擲「千金」，占用了有限的購書預算）；蜻蜓文庫是近年創業的新店，店主是一位叫佐藤龍的藝青，曾在源喜堂打工學藝，耳濡目染，眼力了得，開業不到十年，已在業界建立了相當口碑。更重要的是，佐藤經手的寫真集、插圖本和版畫，多係簽名本或品相優良的「美本」，且同樣的貨色，要比同類書店便宜不少！

一位東洋作家朋友對我說，如果沒有相當的自信，是不可能在神保町開店的。否則，即使開了店，也長不了。只需對書街稍有瞭解，便知此言不虛。如近現代史、軍事專門店文華堂，三島由紀夫生前是常客，日本最著名的新聞記者、暢銷書作家立花隆也經

1 即「ボヘミアンズ・ギルド」（BOHEMIAN'S GUILD）。

2 即「かげろう文庫」。

常在那兒淘書；文學書店玉英堂的法定位址是神保町1—1（一丁目一番地），其珍稀本藏品也是當仁不讓的一流貨色，如芥川龍之介、川端康成、橫光利一的初版本，寺山修司的限定版簽名本，更不用說鎖在玻璃櫃中的谷崎潤一郎手稿、太宰治致井伏鱒二的明信片等；東大英文科畢業、前軍部通譯北澤龍太郎經營的北澤書店，洋書收藏品位獨特，不僅招徠了川端康成、三島由紀夫、大江健三郎的頻繁光顧，連當初還是大四英文科學生的美智子皇太后，苦於做畢業論文找不到資料時，也曾來店中淘寶；魚山堂的寫真集、美術書多係絕版；古賀書店的初版樂譜收藏令人咋舌，你儘管找你需要的名字，如普契尼、莫札特、貓王、山田耕筰，而無須管到底是古典、爵士、搖滾，還是民謠；而你若想尋找某位日本近現代作家的資料的話，頂方便是去八木書店，那兒有按日文假名排序的文藝評論收藏，找哪位作家，只需檢索其姓氏開頭的假名標籤下的書架即可……

總之，在神保町，需要的是時間、一定的預算和足夠的耐心，只要泡，便會有收穫，甚至是驚喜。

蜻蜓文庫是近年創業的藝術系新店，深得吾心。

4｜神保町的二樓書店

說起「二樓書店」，國人首先會想到香港——旺角、銅鑼灣一帶有很多「二樓書店」，如田園書屋、樂文書店等。五年前，被媒體普遍解讀為傳統書業「黃昏」隱喻的老闆被倒下的圖書砸死的事件，就發生在灣仔的一家二樓書店——青文書屋。據我所知，香港二樓書店「氾濫」的原因，主要是經濟因素，臨街的門面店鋪租金高昂，僅靠書的菲薄利潤難以承受，於是朝上發展，二樓、三樓、四樓，甚至有開在十一層的書店，誠可謂「高處不勝寒」。

神保町二樓書店也不少。與香港相比，設在二樓自然不排除經濟因素，但更主要的原因，恐怕還不在這一層。大致說來，東京書街的二樓書店不外乎兩類：一是店面不止一層，有的甚至多達四、五層（如著名的舊書店小宮山書店，便擁有四層樓），新刊書店就更高了，如三省堂書店，高達八層；二是書店本身就設在二樓或二樓以上，樓下可能是別的書店或其它店鋪（如著名的藝術書店源喜堂位於二樓，而樓下則是專營和洋設計、電影、時尚雜誌的武內書店）。而兩者似乎都不大關涉地租，唯一的共通之處是「門檻高」。

說「門檻高」，還真不誇張。擁有從一樓至二樓以上店面者，往往捨不得把真正的寶貝放在一樓，而是藏之閣樓。譬如，波希米亞書房（BOHEMIAN'S GUILD）二樓是一個藝術珍本展示畫廊，從福澤諭吉、司馬遼太郎的條幅，到芥川龍之介、川端康成的書簡，從藤田嗣治、安迪・沃荷的版畫，到橫尾忠則、村上隆的肉筆海報，絕大多數置於上鎖的玻璃櫃中，只消看一眼價籤便令人退避三舍。尤以竹久夢二收藏最為業界側目，從肉筆畫、色紙、書簡，到版畫、油畫、詩畫卷，到夢二親手裝幀設計的繪本和初版書，等等，有些即使在國內幾處夢二美術館中也已絕跡，是珍本中的孤本。

創業於明治三十六年（一九〇三）的一誠堂書店，是一間文史哲藝綜合店，和、洋、古典無所不包，堪稱神保町的地標店。昭和六年（一九三一）竣工的店堂建築，天花板極高，門廊尺寸超大，石牆、壁燈、木扉、彩繪玻璃、掛鐘，無不透著一種戰前的厚重、

小宮山書店是我每次去神保町必訪的書店。

殷實，不事浮華，與所藏典籍的風格有種內在的契合。連樓梯扶手都是大理石，被打磨、摩挲得光可鑑人。一樓的書籍已然很了得，上二樓，迎面是一套《法華注疏》，八開四卷本，定價十八萬日元。再往深處走，滿眼盡是洋書，多圍繞日美關係及日本與亞洲周邊國家關係的歷史。那氛圍，令人平生置身於一間戰前歐洲老書店的錯覺。

創業於昭和十四年（一九三九）的小宮山書店從一層（店堂及戶外的車庫）到四層，隨著樓層（「門檻」？）的升高，書籍版本（或藝術品）的價格也直線飆升：戶外的車庫是露天賣場，以均一本為主，價格只分三檔：一百日元一冊，五百日元三冊和一千日元三冊。記得冬日的傍晚，總見倆伙計穿著類似中國的軍大衣（八成是從上野阿美橫町[1]淘換來的。因在日本絕少見人穿，故印象深刻），鼻尖凍得通紅，邊搓手，邊為書客收銀、包裝，每道一聲謝，便吐出一團白色的哈氣。一樓店堂是寫真集、攝影論，二樓是美術、設計、建築圖書及各種視覺雜誌，三樓是哲學、文學、歷史、江戶東京研究、民俗學書籍的初版本，四樓是展示畫廊，以三島由紀夫收藏和各種豪華版寫真集為主。尤其前者，堪稱業界之翹楚，別無分號。店中藏有三島由紀夫各種手稿、書信、原版照片、寫真集、簽名本、限定本多達七百五十二件，其中頗不乏珍品。如攝影家細江英公以三島為模特的著名限定版寫真集《薔薇刑》（集英社一九六三年版，限定一千五百部），同時有細江和三島兩人簽名的第八七三號，標價七十五萬日元，待我最後一次造訪時，已經售出。珍本如此之豐，乃至在三島由紀夫收藏上，小宮山擁有當仁不讓的定價權。一些日本國內頂尖的拍賣會，如果小宮山不出頭的話，與三島由紀夫相關的藏品便只有付之闕如。舊書店做到這分上，除了脫帽，夫復何言？

小宮山是我每次去神保町必訪的店。名攝影家北井一夫跟小宮山是老交情，四樓畫廊曾多次舉辦北井攝影個展，攝影家親自印放並簽字的攝影原作長年掛在牆上寄售，價格不菲。因北井的關係，我與書店第三代傳人——小宮山慶太店長也成了朋友。近年

1　即今東京都上野一帶的著名商店街「アメヤ橫丁」，簡稱「アメ橫」。起源於戰後初期兜售美國食品、菸酒和衣物的批發街。

從那裡淘過兩種書，似乎值得一記：一是《川端康成・三島由紀夫往復書簡》，一九九七年新潮社初版，我二〇一三年淘換的時候，價格已經翻了三倍，達四千五百日元（付梓時的定價為稅前一千五百日元）；另一本是三島文學批評的代表作《林房雄論》，昭和三十八年（一九六三）八月由新潮社推出的初版本。這個版本早已絕版，屬於珍本。我在與小宮山相隔不遠的八木書店中，曾見此書，品相已不甚好，可仍標價一萬五千日元。而小宮山藏本，是函帶齊全、品相完璧的「美本」，本身已相當珍貴，不僅如此，還係三島贈呈給岳父、著名日本畫家杉山寧的簽名版，其價值可想而知。三島簽名本原本就很有限，給岳父杉山寧的版本，幾乎是唯一的。順便提一句，杉山寧（一九〇九—一九九三）是日本當代畫壇巨擘，一九七四年起出任權威的日展理事長。若以中國畫壇類比的話，當屬張大千、齊白石一流人物。一九七二年九月田中角榮訪華時，特為中國最高領導人帶來兩件國禮，贈予毛澤東的是東山魁夷的作品〈春曉〉（二十號），贈予周恩來的，則是杉山寧作品〈韻〉（二十號）。一九五八年六月，三島由紀夫與杉山寧

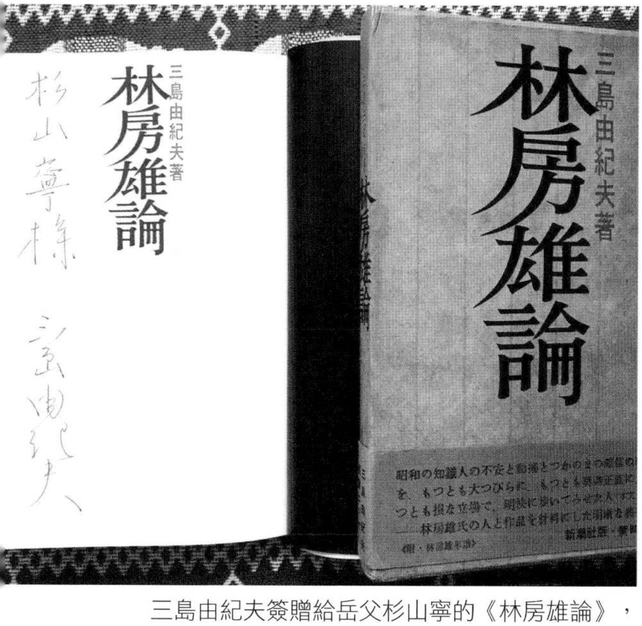

三島由紀夫簽贈給岳父杉山寧的《林房雄論》，新潮社一九六三年八月初版。

著名的藝術書店源喜堂，我在那兒買過的寫真集和藝術圖冊不計其數。

的長女瑤子結婚，據說作家選擇瑤子的一個理由是「藝術家的女兒，對藝術家該不抱幻想吧」。絕版文論簽名本、「鬼才」作家女婿與「國民畫家」岳父、田中角榮與周恩來……噱頭之大、佐料之足，其價值可想而知。

筆者在四樓畫廊思忖良久，慶太店長特意打電話喚店員從樓下送上熱咖啡，邊閒扯，邊展開說服攻勢。我則手不離簽名本，邊心不在焉地應酬，邊摩挲把玩。原本就心旌搖曳的筆者，哪裡禁得起這等攻勢？結果看在北井攝影家的面兒上，老闆讓利五千日元，寒舍逼仄的書齋終於迎來了這本個人購書史上最奢侈的一二七頁小書（礙於跟慶太店長的約束，權且隱去標的），從此寒齋受鎮護！誠可謂「踏破鐵鞋無覓處，得來全不費工夫」——工夫倒是不費，徒費銀子而已。

所以，當你漫步神保町街頭的時候，盡可平趟神保町的一樓書店如「閒庭散步」。可當你不小心摸到二樓書店時，可要當心「門檻」！

作者與小宮山書店老闆小宮山慶太先生於書店四樓畫廊（二〇一四年五月）。

5 古書通信社・《書的雜誌》

不知不覺間，多年蒐集的神保町情報紙（誌），已經攢了不小的一摞。有報紙，有雜誌，有各種古書展、拍賣會的目（圖）錄；有的是定期出版物，有的是不定期，有的則是正經的MOOK。多數都是免費刊物（Free Paper），放在書店街的店頭，任意閱讀、索取。我常想，這些東西有什麼用呢？想來想去，答案是：基本沒啥用——如果我沒有編寫一部《神保町書志學》的打算的話。這樣想著，卻仍捨不得處理掉，只好任其一路「增殖」。

不過，對我沒啥用，不等於真的沒用。否則，便無法解釋何以這些出版物會持續下來，而且持續了那麼久，有的已經練了近八十年！隨手翻翻手頭的幾種刊物，如角川書店發行的《書的旅人》[1]月刊，側重文學，最近的一冊是二〇〇八年一月號，總第一四七期；《書之街》[2]月刊，是文化情報誌，最新一冊是二〇一三年十月號，總第三九六期；舊書店行業組織「神田會」發行的季刊《神田》[3]，側重書街的歷史文化，最新號是二〇一三年九月號，總第二一二期。

八木書店出版的《日本古書通信》，是連結舊書店和讀者的書業綜合情報趣味誌，創刊於昭和九年（一九三四），迄今已發行逾一千期。除了以會員制發行外，也零售，每冊七百日元。我手頭的幾期，就是從岩波書店買來的。作為雜誌，除了通常的隨筆、文化性內容外，特別注重書業資訊，如各地舊書店記事、古書展示拍賣資訊、藏書家專訪，等等。雜誌的後面，是古書通信販賣目錄，包括各店精選的珍稀本鑑賞、資深舊書店主披露經營「Know How」等，毫不誇張地說，是書店業者和出版人的必讀誌。

另一種不能不提的雜誌，是《書的雜誌》，顧名思義，是關於書和書業以及書店（新書店和舊書店）的刊物。一九七六年四月，由目黑考二、椎名誠、澤野公等幾位作家、評論家和畫家創辦。創刊之初是季刊，後改出雙月刊，一九八七年八月起實現了月刊化。我手頭最新的一期是二〇一三年十一月號，總第

1 即《本の旅人》。

2 即《本の街》。

3 即《かんだ》。

三六五期。創刊以來，全刊的封面萌繪和絕大部分內文插畫都出自畫家澤野公一人之手，有點像早期的《讀書》雜誌，封面設計和漫畫歸裡包堆全都是小丁（丁聰）的作業。創業初期，寂寂無名，在偌大的書城神保町無人問津。每逢新刊出版，幾名創業者傾巢出動，親自去簽約書店配送新刊。有時人手不足，不得不臨時雇大學生幫忙配書（稱「助人」），卻沒錢支付「助人」的薪水。作為報酬，在人家喜歡吃的時候，請吃炸豬排飯或餃子拉麵套餐，管吃夠。

《書的雜誌》以書評為主，但不唯書評，既有古本屋散策、珍稀本「暴曬」、神保町名店（拉麵、餃子、咖哩、啤酒屋等）發掘等欄目，也有隨筆、漫畫系列連載，每期的封面文章，十有八九與神保町文化有關。名畫家澤野公長年開設旅行繪專欄，是他的行旅隨筆，

作者與建築師朋友海牛子女士在澤野公先生個展上。（二〇一三年一月）

配以「澤野風」的速寫插畫，頗受歡迎。最近幾期是中國旅行日記，談北京的秋天、江南園林中的怪石、城鎮開發熱、康生的書畫等，頗有讀者緣。每年一月，會推出上一年度暢銷書 Best 10 專號；平時還會不定期推出各類題材小說、漫畫的評選，如戀愛小說、SF 小說、員警小說、推理小說，等等，不一而足。

除本刊外，《書的雜誌》還不定期出版「別冊」和「增刊」。前者是 MOOK，每一種有一個主題，圍繞這個主題，相關物事「一網打盡」。如我手頭這本《別冊書的雜誌 16》，主題是古書，一九〇頁，涉及古書的方方面面、邊邊角角，從古書店業者座談到祕境古書店探訪，從古本用語的基礎知識到年度全國古書祭、書展、拍賣日曆，大有「一冊在手，古書屋遍地走」的權威性。增刊還是雜誌，但感覺是刊物的延長，內容主要是年度文庫本（即口袋本）推薦，每年十二月出版。

書的雜誌作為出版社，也頗有名頭，出品以文化為主，兼顧小說、隨筆。我素來喜歡這家社出的書，寒舍的書房裡少說也有十數種。怎麼說呢？簡單的描述就是「有文化」：選題多與藝術、亞文化和書業有

關，裝幀素雅，風格前衛。雖然每種都不雷同，在書店的新書台上卻讓人一眼就能認出是書的雜誌社的調子。

書的雜誌社是我每次去神保町十有八九會造訪之地。小小的編輯部，位於神保町一丁目一條小巷子裡的一座寫字樓的五層。袖珍的編輯部是一個房間，社長加編輯也就五、六個人，著裝隨意，有說有笑，全然沒有一般日本企業的那種壓抑感。我每次會帶一點鐵觀音、山楂糕之類的中國土特產。偶有在《書城》雜誌上發文，也會隨手帶冊樣刊過去，告訴他們「這是敝國上海出版的『書的雜誌』」，眾人便好奇地圍攏過來。大家一邊喝茶，一邊翻閱新近付梓的新書，談點書的背景和作者的八卦。遇到心儀的目標，無論多貴，當場索求，並不臉紅。喝茶聊天的當兒，美女編輯會端起數碼相機，伺機拍幾張照片。《書的雜誌》的末頁，有一個欄目叫「本月來《書的雜誌》玩耍的人」，小生屢屢登場。每當我看到自己的頭像與那些出沒神保町的作家、學者、名編輯、攝影家們排在一起時，便會從內心感到溫暖，有種文化共同體的歸屬感，真比加入中國作協還高興。

6 古書會館・神田古本祭

在神保町，八木書店有兩處：古書部位於靖國通邊上，三省堂書店的西側；新書部則位於駿河台下的巷子口，專門面向書店業者經營，實際上是一家學術書籍批發書店。八木書店的斜對過，是小川町郵電局。郵局的旁邊，有一幢四四方方、結結實實的大樓，外立面裸露著混凝土，此乃著名的東京古書會館。說起來，這幢外表毫不打眼的大樓，卻歷經滄桑，見證了日本舊書業的百年興替。

早在明治二十年（一八八七），在距神田一箭之遙的本鄉、小石川地區，率先出現了營業性舊書店。一八九〇年，位於小石川傳通院前的舊書店雁金屋開始發行古本目錄，開日本國內舊書業圖錄通信發行之先河。一九〇四年，舊書店業者於本鄉二丁目結成「洋書後樂會」，定期召開交換會（即舊書市）。是年二月六日，日俄戰爭爆發。大正五年（一九一六）八月，就在今天的東京古書會館的原址上，建成了東京圖書俱樂部（後在關東大地震中倒塌重建），旨在方便舊書業者同

位於神保町小石川町的東京古書會館。

好之間的聯誼與交易。一九二〇年一月，舊書店業者的行業組織東京古書籍商組合成立，繼而發展為全國性的組織：昭和七年（一九三二）十二月，結成全國古書籍商聯盟。一九四八年八月，在東京大轟炸中消失的圖書俱樂部的原址上，落成了東京古書會館。

昭和四十二年（一九六七），古書會館經歷了一次翻修。但我們今天看到的古書會館，實際上是平成十五年（二〇〇三）重建的產物。新建的古書會館，地上八層，地下一層，是一座過於結實的現代建築。為什麼這樣說呢？東洋書業歷來有種說法：「書本的重量僅次於黃金。」會館除了長年舉辦各種書展、拍賣活動外，還需為舊書店會員提供寄存裝滿書籍的保管箱的服務，真正是「不堪重負」。因此，在設計時，採用了特殊方案。按日本的建築標準，通常的現代鋼混結構建築，每平方米承重約三百公斤，而會館出於特殊需要，極大提高了承重係數，設計承重每平方米不低於八百公斤，成了名副其實的書業「重鎮」。

東京古書會館長年定期舉辦各種各樣的行事，有的歷史已跨越半個世紀。如明治古典會主導的七夕古書拍賣會，二〇一三年已是第四十八屆。明治古典會，是加盟東京古書組合的七百餘家舊書店中約三十家專業舊書店（如小宮山書店、梓書房、原書房、夏目書房、玉英堂書店等）結成的行業組織，其經營委員會、幹事和會長均由加盟書店輪值。每年七夕——從七月五日到七日的三天，舉行古籍善本拍賣活動。前兩天，可自由參觀，但第三天的投標會則不對外，只面向會員書店的業者代表。舊書店店主出身的作家青木正美在《古本屋五十年》一書中記錄了早期七夕拍賣會的場景：

古書會館那會兒還是木造平房的舊館。明治古典會的經營委員會由新松堂書店的杉野宏氏、杉浦書店的杉浦台紀氏、今井書店（現忠敬堂書店）的今井哲夫氏三位前輩加我共四人組成。賣場是榻榻米式的和室。我一到賣場，就開始碼桌子——把作為輪流投標台用的板桌的活動四腳摺疊起來，在榻榻米上擺放成一個「コ」字形，中間留出空間，外側按時常坐滿四、五十人同業者的陣勢放上坐墊。

……

客戶每次有四、五十人，正中必坐著會長反町茂雄氏。他只要往那一坐，賣場的空氣突然就緊張起來……單獨的書一冊，其它則兩、三冊一組，或五、六冊一組，用繩捆在一起。經手的品目中，書以外的東西，會放在特意預備的木盆中傳遞。書籍中的珍品，如那些高價的，帶書衣、函套者，或放在台上傳來傳去易損壞者，也用這個木盆。——如此，所有付拍的物品，一件一件，每件上都附著一個放投標價籤用的信封。

付拍品在投標台上，在四、五十位客人的手中一路傳來遞去。客戶們隨意地把玩拍品，研究一番，然後把自己想好的價格寫在價籤紙上投標。若需仔細考慮，或給店裡打電話確認有無進貨的話，也有暫留拍品的自由。就這樣，附在拍品上的信封，或被塞得滿滿的，或者只有一兩枚價籤，有時竟然連一枚都沒有就被送回「終點站」的開標場。在這裡，由兼開標人的四位經營委員，逐一開標。[1]

作為拍賣會組織者的經營委員會，為保護舊書店業者們的利益計，有意採取「暗標」的形式，以防出現如「明標」競拍時，標的可能被釣得過高的情況。要知道，按慣例，中標額的一成是作為拍賣傭金支付給組織者的，但設局者寧可壓縮自己的利潤空間，也

1 青木正美《古本屋五十年》（筑摩書房，二〇〇四）、一二二至一二六頁。

不願看到超出合理範圍的高標的出現。如此人性化考量的背後，是書店業者們（拍賣會的設局者也是書店主）最看重的，是書籍在書店與讀者之間高效的流轉。一本書，從新書店的書架到讀者的手中，讀者讀完後賣到舊書店，再轉到下一位讀者的手裡，如此行旅，可數度往返，書金是船票，收穫的是知識與歡愉。舊書店主們作為這種行旅的呵護者，在送走一本書的同時，期待它的返航，真心不願因某次船票價格過高而敗壞了讀者的雅興，從而為行旅劃上休止符。

東京古書會館的另一個恆例行事是每年秋天的神田古本祭，確切地說，是神田古本祭的一部分。神田古本祭創設於昭和三十五年（一九六〇），到二〇一三年已是第五十四屆。主要內容分兩塊：一是每年十月二十六日至十一月四日的青空掘出市（意為露天淘寶集市），地點就在靖國通的路邊，因係露天，遇雨中止；二是臨近青空掘出市開幕首日的那個週末，從週五至週日的三天（二〇一三年是十月二十五日至二十七日），於東京古書會館舉行的特選古書即賣展，風雨無阻。先說後者。

二〇一三年十月二十五日，早上八點半，離開幕還有一個半小時的時間，古書會館前就已經長蛇布陣了。我大致數了一下，約有八、九十人，多為頭戴禮

神田古本祭創設於昭和三十五年（一九六〇），到二〇一三年已是第五十四屆。

帽的老者，也有幾位中老年女性，幾乎人手一冊文庫本，邊閱讀，邊等候開門。十點整，會館準時開門。展場位於地下一層，空間並不很大，各個參展書店的展櫃展台在中央和沿牆邊排成一個「回」字形，兩個「口」之間便成了過道，書客們大致沿著順時針方向隨意流覽，看完「內環」，看「外環」。大致說來，特選即賣展場的貨色分幾類，有善本、簽名本、初版本和洋書，還有藝術書（畫集、攝影集、繪本等）和藝術品（浮世繪、攝影和版畫等）。除了極少數珍本鎖在玻璃櫃中，絕大多數版本都置於檯子上，可隨手把玩，甚至翻閱，但嚴禁攝影。

個人最感興趣的，是簽名本和攝影集。可絕大多數一看標價，便果斷打消了把玩的念頭，省得鬧得慌。谷崎潤一郎的簽名本少有低於六萬日元的，三島由紀夫的簽名本按說更貴，但竟然一本未見到，看來是小宮山書店未撒手。一冊石原慎太郎著《太陽的季節》——新潮社初版（一九五六年）精裝的「美本」，標價五萬日元，狠狠地打擊了我，可沒想到更大的挫折還在後面：比亞茲萊初版初刷的一套木刻，標價僅十六萬日元，按說確實不能算貴。我在台前把玩了約二十五分鐘，邊把玩邊向老闆提問，直到把所有細節都問到底掉之後，一咬牙，放下畫，「絕塵而去」——我感到了脖梗後面老闆驚愕的目光。那天的收穫是十六冊：包括武者小路實篤、林芙美子、橫尾忠則的簽名本，永井荷風、遠藤周作、神近市子、高峰秀子的初版本，波士頓 Little Brown 社一九一一年版、小泉八雲（Lafcadio Hearn）的《神國日本》（*In Ghostly Japan*），ARS 社初版（一九五四年）的土門拳攝影集《風貌》和赫爾穆特・紐頓的原版攝影集《波拉女郎》（*Pola Woman*），等等，斥資四萬二千一百日元。對購書五千日元以上者，會館免費提供郵寄服務（限於日本國內）。於是，在出口處辦了手續，我就心滿意足地喝酒去了。翌日上午，一個宅急送紙箱就到了我所住的酒店前台。自然，經過物流業者的專業包裝，品相毫髮無損。

返過頭來，再讓我們看一看青空掘出市。沿著靖國通，活動書架在步道上一字排開，從岩波書店圖書服務中心一直到三省堂書店，綿延足有一站地。如果說古書會館的特選即賣展帶有珍品拍賣性質的話，那麼青空掘出市則是一般性圖書，在限定期限內讓利甩賣。據說，頗有些窮文人，一年到頭克制買書的慾望，只在這幾天出來淘書。現場確實見到不少肩背背囊、手拉旅行箱的書客，八成是剛下了新幹線就直殺過來的地方書客。我因為在古書會館已然造光了預算，本沒打算在這淘寶，但還是不由得買了幾種攝影集和藝文類圖書。有些書便宜得令人難以置信，如一套原書房一九八〇年新裝版的《明治文化史》（函套精裝十四卷本），只要一萬六千八百日元（且是稅後）。

在一處專營歷史類書籍的攤位，我看上了一套矢田插雲著、中央公論社二〇〇九年新裝版的《從江戶到東京》（九卷文庫本），用塑膠繩捆在一起，標價只有區區一千日元！我早知這套書，第一眼就決定拿下。但既然決定了，也就沒著急，又在附近倆攤位踅摸了一會兒，想看看還有沒有其它目標。待我回來時，一位學者模樣的中年男子腋下夾著那套書，正在交款。我心中一緊，急忙問收銀的女店員，那套書還有沒有。店員回我說，只帶過來一套，是專為應對青空市的。店中還有一套，不過標價不一樣。我問多少錢。

「記得好像是五千日元。」她說。那一刻，我覺得自己化作了冰雕。

7　神保町的周邊

吾友、日本畫伯、《書的雜誌》創始人澤野公[1]先生在他的繪本《速寫本》的後記中寫道：

舊書肆、樂器店、畫材屋——只要街上有這三種店，便可過一生而不致感到乏味。在日本，最喜歡的街是神田、神保町、御茶之水一帶。從御茶之水站到駿河台下，樂器店櫛比鱗次，一路逡巡，挨家窺視；漫步舊書肆街的周邊，畫材屋可要看仔細；登山道具店是淨逛不買；最後一準在老鋪啤酒屋「Luncheon」[2]落定。

坐在二樓靠窗的座位上，喝一杯兌了一半黑啤的「Half & Half」生啤酒，不知不覺閉上眼睛，雙手合十，從心底感恩所有的神。

澤野的話，道出了神保町繁盛的另一個祕密，那

1　沢野ひとし（Hitoshi Sawano，一九四四—），愛知縣出生。日本著名插畫家、繪本作家、隨筆家。

2　日文店名為「ランチョン」。

就是：書店周邊產業的發達。樂器店、唱片店、畫材屋、文具店、體育用品店（主營登山、滑雪、網球用具）自然不在話下，街上常見身背電吉他和大寫生夾的藝青走來走去。冬天，一輛豪華跑車停在體育用品大廈的門前，不一會兒，身穿滑雪服、頭戴毛線編織的防寒帽的青年抱著一副滑雪板出來，架在車頂上，固定好。幾小時後，長野某個滑雪場的雪道上便多了一對情侶……但，這種風景還不是我所關注的。對我來說，淘書之餘，頂重要的只有兩件事：咖啡和饕餮。而這兩宗，神保町恰恰是上好的選擇。

先說咖啡。大抵文人紮堆的地方，必有咖啡（或酒吧），這不用詮釋。但對日人來說，曾幾何時大陸小資圈的流行語「我不在咖啡店，就在去咖啡店的路上」，多少顯得有些做作：因為咖啡是用來泡的，而不是用來炫的。咖啡文化（日文寫作「吃茶店文化」）與書文化、雜誌文化相互滲透，相互融合，毫不誇張地說，已到了每一種書（誌）的碼洋中，都包含了相當份額的咖啡豆的程度。

鈴蘭通南側、內山書店東側街角上的「咖啡露台古瀨戶」[3]，是一間歐風咖啡，專營炭火焙煎，口味正宗。老闆是工學院建築系出身，店面設計是純正的英國範。老闆娘遠比老闆出名：演員城戶真理子，出生於愛知縣瀨戶市古瀨戶，是當地一間有名的瓷窯主的女兒，店名便取自她的出生地。先於電影明星的城戶真理子，作為油畫家的真理子成名更早。一進店門，

3 日文店名為「カフェテラス古瀬戸」。

書街旁邊，是著名的樂器街。

躍入視野的是一幅整面牆的壁畫，正是老闆娘的作品。這幅尚未命名的壁畫（一說初期曾名為〈浮游之桃〉）先後繪製了五年，據說至今仍未完工。

位於神保町地鐵站A7出口巷子裡的「沙保」（Sabor）吃茶店，開業於昭和三十年（一九五五），與自民黨的執政時間（所謂「一九五五年體制」）等長。紅磚青瓦，店門外的喜馬拉雅杉樹、木雕圖騰柱和一台老式紅色投幣公用電話，已成神保町的Logo。店主鈴木文雄至今猶記得「全共鬥」時期，參與組織請願的大學生跑進店裡裝作喝咖啡的文化人逃過員警追捕的一幕。當時一杯普咖是五十日元，而在錢湯泡一次澡是十五日元，拉麵一碗三十日元，「沙保」的經典咖啡對學生來說還是貴了點。如果哪天在店裡碰到某位前芥川獎得主，邊喝咖啡邊接受媒體採訪，那是完全不必吃驚的。因為，文豪級作家在這兒與岩波書店、文藝春秋社的文學編輯談選題、簽合同什麼的，早就見怪不怪了。

「Ladrillo」[4]於昭和二十四年（一九四九）開業，是神保町最初的咖啡店之一。吧檯前一排高腳圓凳，據說是幾個名教授和藝術家的專座，即使閒著，一般也沒人敢坐。或許正因為是門檻至高的老鋪，有幾次芥川和直木獎的得主，特意在此坐等結果揭曉。位於神保町十字路口北側的「Erica」[5]，是一間由留德的建築師設計的北歐風格咖啡，在西神田還有一家姊妹店。二〇〇三年，由侯孝賢執導的紀念小津安二郎誕辰百年、向大師致敬的故事片《珈琲時光》中的大部分場景，正是在「Erica」西神田店拍攝的。

在神保町做饕餮族，乍聽上去，似乎有些不靠譜，因為東京的食街實在是太多了，應有盡有。一般人若想週末去哪兒饕餮一把的話，當首選新宿、池袋、銀座等鬧市，喝「梯子酒」，一晚上轉個三、四家店，斷不會重樣。然而，饕餮在神保町絕不是一個「偽問題」，不僅不偽，可以說還相當真實，很「給力」。在神保町，饕餮的不是別的，是文化和特色。而文化的形成和特色的釀造，則是基於神保町獨特的歷史。

先說特色。用老資格的神保町通人剛爺（小說家、直木獎得主逢坂剛）的話說，「美味、廉價、量大」是在神保町開店的「三原則」，「不能滿足這三大條

4 日文店名為「ラドリオ」。

5 日文店名為「エリカ」。

件的話，在這兒練料理屋是難以為繼的」。這一帶過去學生多，「廉價、量大」是店家得以立足的基本條件。後來，學生數量減少，上班族激增。白領們比學生有錢，嘴也刁，於是在「廉價、量大」之上，又多了一條「美味」。如果你習慣了在神保町打牙祭的話，換其它地界外食，也許會感覺吃不飽。

再看文化。大體說來，神保町的美食主要有四大類：中華料理、咖哩屋、拉麵店和燒肉館。中餐館的集中是歷史原因——這一帶自清末便是中國留學生的集散地。位於神田今川小路（即今神保町三丁目一帶）的「維新號」，是神保町中華料理的始祖。明治三十二年（一八九九），由華僑鄭余生創業。創業之初只是一爿小店，連店名都沒有。店主同情康梁的維新運動，於是取名「維新號」。別看一介陋店，店名曾多次出現於周氏兄弟和周恩來等人的日記或書信中，名氣甚大，蔣介石離日歸國前的送別會也在此舉辦。據鄭氏生前回憶，革命派留學生遭日本員警追捕，倉皇逃進店中。店主見狀，馬上把人引進後廚，化裝成廚子，躲過一劫。但大正七年（一九一八），因革命派在店內舉行反日集會，四十六名留學生被員警拘捕，帶到附近的西神田警署，成為轟動一時的事件。昭和二十二年（一九四七），「維新號」遷至銀座，至今仍由鄭余生的孫輩經營。

目前，神保町有號稱「四大中華」的名店，曰「新世界菜館」、「揚子江菜館」、「三幸園」和「漢陽樓」。「漢陽樓」創業於辛亥之年（一九一一），初代店主是寧波華僑顧雲生。對辛亥時期壯懷激烈、同時又滿腔鄉愁的革命派留學生來說，漢陽樓口味清淡的江南料理非常富於「治癒」效果。據說孫文避難東京時，腸胃很弱，吃不慣日料的冷食，專叫顧老爺子親自掌勺的菜粥。另一名浙江籍留學生周恩來，雖然只在東京住過一年半，卻多次偕同鄉來漢陽樓饕餮，周獨鍾獅子頭。漢陽樓至今保留著「周恩來功能表」，第一品就是獅子頭。

在東京堂書店的旁邊，曾有一家叫做「冷華樓」的中餐館，老闆娘是一位風姿綽約的徐娘。據說，在徐娘掌櫃的歲月，這條街上有很多老爺們過往，以中老年為主，有的就是為了看一眼老闆娘的姿容而刻意經過。若吃盒飯，也必從冷華樓訂購。逢坂剛承認，自己年輕時也是這群老爺們粉絲團中的一員，「照我看，女掌櫃年輕時一定是絕世的美女」。可以想像，因區域規劃的緣故，冷華樓遷走後，這群中老年書客們內心該有多寂寞。

與中華料理相比，咖哩屋、拉麵店和燒肉館未必有那麼多說道，但味道絕對一流。為什麼呢？架不住競爭激烈呀。以咖哩屋為例，彈丸之地，有不少於六十家，相當於平均三家書店便有一家咖哩屋，乃至神保町被稱為「咖哩聖地」，頻頻占據時尚美食雜誌的封面。牛肉咖哩、雞肉咖哩、菜蔬咖哩、印度咖哩、歐風咖哩……不一而足，種類之豐，窮盡想像。緣何會有如此之多的咖哩店呢？緣由還在書裡：

淘書是一件體力活。尤其是神保町這種書城，南北東西，一百七、八十間書店，連逛幾家下來，手裡大包小包，沒個不累的道理。到了飯點，肚子咕咕叫，趕進最近的店家，填飽肚皮是正經。讀書人易患消化不良症，原因之一據說是邊看書邊吃飯所致。而咖哩飯，像蓋澆飯似的，充其量只有一只餐盤，外加一小碗湯，占空間最小，書客可盡情地在餐桌上摩挲剛淘來的絕版本。吃的時候，單手執勺即可，另一隻手可隨意翻書，何等簡單、合理而愜意！

雖說是書街，但到了飯點兒，到處是排隊等待饕餮或「感官享樂」的人們。

8 古書祭記事

一出門就發現，天晴得簡直不像話。從我的公寓乘地鐵半藏門線，到神保町只有六站地，快得來不及讀完一篇微信推送的長文。到了神保町十字路口，見沿街已排滿了書架，繫著圍裙的伙計正忙著從店裡往外搬書，一摞摞搬出來，再一本本插在書架上。我沿著御茶之水仲通往北，到了JR御茶之水站的聖橋口——在那兒與作家、設計師朋友于曉丹匯合。九點三十分，見曉丹從站裡飄出來，竟分秒不差，果然不愧是來自大都會紐約的時尚中人。

從丸善書店的旁邊，重新沿著御茶之水仲通順坡而下，經過尼古拉堂和三井住友海上大廈，在街口的太田姬稻荷神社右轉，再左轉，就到了神田古書會館——第五十六回神保町古書祭特選賣場。我看了下錶，離開門還差十六分鐘。門前已排起長龍，我估摸了一下，大約有七、八十人的樣子，清一色老者。至開門時，見身後差不多又長出了同樣長度的「尾巴」，我們剛好夾在正中。

十點整，大門開。隊伍穿過大廳，從大廳的樓梯下到地下一層多功能廳，在門口處存包，始終安靜有序。及至進入特選賣場，便如水銀瀉地，「嘩」地四散開來。我和曉丹大致定了中午去吃麵的時間，就解散了。

一個總的感覺，今年的特選賣場，出品似不及往年多，中國古籍尤其少，洋書卻相對豐富，不知與近年來中國舊書商對神保町的大舉進攻可有關聯。洋書中，如英國傳教士亨利・諾曼（Henry Norman）的《真正的日本——現代日本人風俗、道德、管理與政治研究》（*The Real Japan: Studies of Contemporary Japanese Manners, Morals, Administration, and Politics*），倫敦 T. Fisher Unwin 社一八九二年版；另一本《日本人的社會和精神進步》（*Evolution of the Japanese, Social and Psychic*）也是英國傳教士所著，Gulick 社一九〇三年版。兩種均為真皮面精裝，書口燙金，插圖版，堪稱「美本」中的「美本」。

出品最多的，是東洋和本。所謂「和本」，並非日本書籍的統稱，而是有特定內涵的書志學概念：日本做書，始於一千三百年前；而製作現代活字印刷的洋裝書，則是明治中期以降的事。在洋裝書成為主流之前的大約一千二百年，即為和本的歷史。江戶時代的浮世繪，也是和本之一種（草紙、冊子）。神保町古書祭一向是和本出沒的重要場所。近三年來，筆者曾見過的和本珍本便有《古今和歌集》、《江戶名所圖會》、《大和名所圖會》、《山城名勝志》等等，可謂豐饒。今天，又在松雲堂展位的貨架上見識了《日本王代一覽》、《鐮倉太平記》等珍本。成套的，厚厚一摞，用塑膠繩打捆。我不懂舊學，一向在古書面前自慚形穢，其價格亦非我所能問津，便未戀棧。

就我的主要目標——日本現當代文學初版本和簽名本、攝影圖冊及版畫而言，今年明顯不如去年。因小宮山書店等大藏家未出現，三島由紀夫的簽名本再度輪空，此乃一大憾。近年來，三島簽名本之有無，幾乎成了我評價神保町古書祭的一大指標。不僅如此，除了三島，也未見谷崎潤一郎、川端康成、安部公房等超一流作家的簽名本，甚至未見坊間流傳頗夥的大江健三郎（雖然我個人對他並不感冒）。在超一流作家之外，石原慎太郎的簽名本是個人很看重的。記得去年曾有過不止一種，包括其成名作《太陽的季節》，今年竟一本未見。不過，雖說如此，斬獲是必須的，而且頗豐：

菊池寬是大正、昭和時期的文豪，同時也是大記者、大出版家。一九二三年，以一己之力，自費創刊的綜合論壇誌《文藝春秋》，至今雄踞傳媒出版界，是當之無愧的東洋第一大刊。一九三五年，菊池為紀念友人芥川龍之介和直木三十五，創設芥川獎和直木獎，以獎勵在純文學和大眾文學領域成就卓著的新銳作家，是日本文學界的最高榮譽。作為戰前一代文壇領袖，菊池寬出版自選集時剛四十一歲，名聲如日中天。《菊池寬集》由春陽堂於昭和四年（一九二九）三月出版發行，限定一千部，全部編號，我購入的這本為一千冊中之六二四冊。大三十二開，真皮精裝，入函套。封面燙金壓紋，且紋飾相當繁複，透著大正時期極端洋範兒的裝飾主義調子。三面書口也全燙金，是真正的豪華本。價格到底不菲——「金八元五十錢」。照友人、共同社資深記者岩瀨彰先生在《「月俸百元」上班族——戰前日本的「和平」生活》[1]一書中的研究，昭和初期的五十錢大致相當於現在的一千日元，那麼書金換算成時價，約為一萬七千日元。

1 岩瀨彰《「月給百円」サラリーマン——戰前日本の「平和」な生活》，二〇〇六年十月，講談社。

菊池寬簽名本。

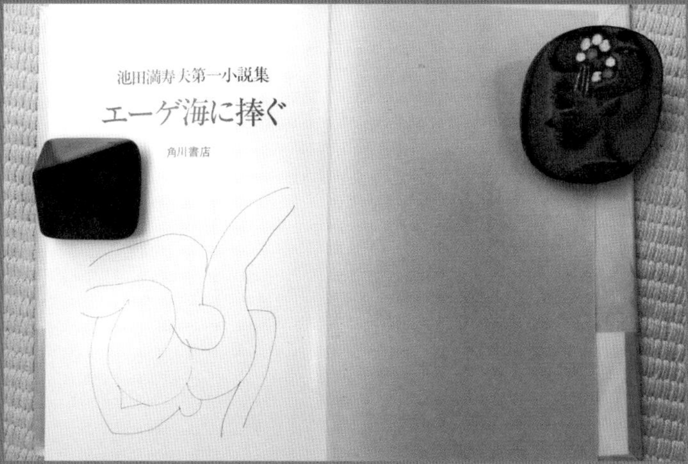

池田滿壽夫極簡的線條酷似畢卡索。

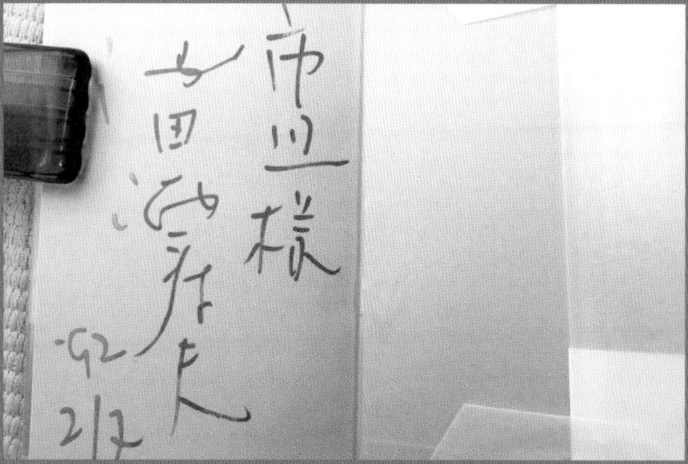

畫家用金色螢光筆的簽名。

擱今天，估計連三百部也賣不出去。裝幀設計是竹久夢二的大弟子恩地孝四郎。恩地作為日本屈指可數的書籍裝幀大家，惜墨如金，出品有限，但由他操刀的書，從無「賤本」，我正打算明年二月去東京看他的回顧個展。集中收錄了《戀愛病患者》、《珍珠夫人》等十九篇中短篇小說，共七三二頁。扉頁有兩頁，每一頁前面均附有薄硫酸紙，工藝極其考究。扉二（像頁）是一幀菊池寬的和服半身攝影，寫真的左下，是作家本人的毛筆正楷簽名：菊池寬。

文壇宿將伊藤整是老一輩文學批評家、翻譯家，也是戰後文學史和出版史上一個重要事件的主角：昭和二十五年（一九五〇），由伊藤整翻譯的英國作家D・H・勞倫斯的小說《查泰萊夫人的情人》（兩卷本）由小山書店出版，兩個月熱銷十五萬套，成為風靡一時的大暢銷書。可不承想，譯者伊藤整和發行人小山久二郎旋即遭東京地方檢察院起訴，罪名是「猥褻文書販賣」——一場曠日持久的官司和論戰拉開序幕。後小山氏被判處二十五萬日元罰金，伊藤氏無罪。戰後初期的這場筆墨官司，對捍衛文學藝術的表現自由和公民的言論自由具有重大意義。伊藤整還是一位優秀的詩人。這本由光文社於昭和二十九年（一九五四）十一月刊行的《伊藤整詩集》，囊括了詩人從戰前到戰後初期出版的四部詩集，小三十二開，布面精裝，扉頁上印著一片樹葉。卷首插頁上有詩人的鋼筆簽名，藍黑墨水，熟練的手寫體。

東瀛文壇有所謂「Double M」的說法，指兩位實力派一線作家：村上春樹和村上龍（日文中，「村上」的姓氏以「M」為字頭）。特選賣場上，眼見村上春樹《世界盡頭與冷酷仙境》的新潮社初版本[2]，以二十二萬日元的標價擺在醒目位置，我不為所動（當然，多一半也是因為價格，動了也白動），但對另一個村上，卻不得不動心，遂拿下兩種，了卻了一樁心願：一本是成名作、芥川獎獲獎作品《無限近似於透明的藍》[3]，另一本是《戰爭在海對岸開始》[4]。兩本

2 村上春樹《世界の終りとハードボイルド・ワンダーランド》，一九八五年六月初版，講談社。

3 村上龍《限りなく透明に近いブルー》，一九七六年七月十四日第一刷，講談社。

4 村上龍《限りなく透明に近いブルー》，一九七七年六月二十四日第一刷，講談社。

均為講談社初版本，前者刊行於一九七六年七月，後者則於一九七七年六月付梓。前者是殘酷青春的記錄，寫得極富感官性；後者則是一部觀念性極強的實驗小說。兩本書均是村上簽贈給川村二郎的簽名本。川村二郎是一位新聞記者出身的隨筆家，曾任《週刊朝日》總編輯和《朝日新聞》編委，出版過王貞治和白洲正子的傳記。

名版畫家池田滿壽夫是一位越界的天才，幾乎涉足視覺藝術的所有領域。以藝術家的身分斬獲芥川獎者，只有他和赤瀨川原平，不做第三人想。池田的簽名本（畫冊、攝影集等），我其實藏有不止一冊，但見到《獻給愛琴海》[5]的初版簽名本時，還是難禁誘惑。池田憑這部關於偷窺、情慾的小說捧走芥川獎的懷錶，躋身文學界。一九七九年，畫家親自改編、執導，小說被搬上銀幕。那些在義大利和希臘的外景地拍攝的、由匈牙利裔意籍肉彈明星小白菜史脫樂（Elena Anna Staller）全裸出演的鏡頭，風靡列島，創下了前所未有的票房紀錄。後部分電影畫面和畫家作詞的主題曲《愛琴海的麗莎》（Lisa del Mare Egeo）被著名內衣公司華歌爾（Wacoal）買斷，作為電視廣告，曾長年占據各大民間放送的黃金時段，被看成是藝術與商業結合的完美案例。初版本的扉頁上，有畫家用圓珠筆畫的抽象女體，極簡的線條酷似畢卡索；扉前的插頁上，是畫家用金色螢光筆的簽名，落款時間是「92.2/7」。五年後，畫家辭世。

在一套標的為二萬八千日元的六卷本《北歐版——情色的歷史》（*A History of Eroticism*）[6]面前，我久久徘徊。先是通過場內廣播找來了店主，瞭解一番版本的詳情。接著，在書客的人流中攔住了正四處踅摸的于曉丹。我指給她看那套書，大致說了下我對內容和版本的瞭解，然後徵詢她的意見。曉丹的思路直截而簡單，透著美國式的合理主義：「你要是覺得能為這套書寫一兩篇文章，且文章發表後的稿費能抵書款的話，那就應該買。」我登時腦洞大開，同時在心裡鄭重拜託了幾位專欄編輯。於是，這套六卷本就成

5 池田満寿夫《エーゲ海に捧ぐ》，昭和五十二年四月三十日初版，角川書店。

6 《エロスの歷史》：オーヴ・ブリュセンドルフ／ポール・ヘニングセン著，大場正史／宮西豊逸訳，昭和四十二年四月十二日至九月十二日初版，二見書房。

了我在本屆古書祭上的「收官之作」。斯堪的納維亞諸國，在國人心目中一向有種「性天堂」的模糊印象和神祕感，卻很少有人知道他們的性觀念到底是怎麼一回事，緣何形成，從哪裡來，到哪裡去。這套書揭開了蒙面的紗麗，從愛的本質、詩人之愛，到暴君的性盛宴、中世紀的賣春，從同志愛、虐戀，到少年愛、蘿莉之美，到「動物性」及人類性的未來，是對性文化史的一個長廊式復現。每一卷都有數十幀插圖，有的是插繪，有的是黑白攝影。作者從勞特累克、紀堯姆・阿波利奈爾、畢卡索到皮埃爾・莫里尼埃，直到當代西方的攝影家，不一而足。那些插圖如果放在別的場合，任何一幀都足以令人耳熱心跳，但在這套書中，卻顯得琴瑟和諧，全無違和感。全書的裝幀設計是今年三月十六日故世的，以美豔、出位的情色表現而著稱的藝術家金子國義。除了各卷的封面繪（共六幀）之外，在每一卷扉前的黑色空白頁上，有畫家用銀色螢光筆的英文簽名「Kuniyoshi Kaneko」，有種哥特體風格。如果從書品之「完璧」（一九六七年的初版書，除了自然泛黃的時間痕跡，無任何品相問題），特別是聯想到藝術家往生時間的話，我自揣這套書就是金子國義本人的收藏。如很多大家一樣，歿後因無後人繼承，藏書墨寶便散落坊間，明珠暗投。文化之命懸一線，令人唏噓。

我每年來逛特選賣場，結帳時都會讓伙計開一張領收書（即手寫發票），不為報銷（也沒地兒報），徒留個念想而已。今年的票面金額是七萬一千五百日元，記得去年是八萬零一百日元——「預算」竟有結餘，足可慰藉，夫復何言？

結過帳，發現曉丹已先出來了，手裡拎著神田古書街的黃色大紙袋。看得出，她也收穫頗豐，不虛此行。後來才知道，她買了一本現代時裝設計之母 Madeleine Vionnet 的傳記（法文版）和兩巨冊 Fashion 畫冊，都是洋書，算是她的專業書，斥資一萬五千日元。出了古書會館，剛好到了我們約定吃麵的時間。在一家熟悉的拉麵館落座後，大中午的，我還是點了一瓶啤酒，聊為「祝捷」。吃完麵，把手裡的大紙袋存到車站的投幣存儲櫃裡，我們接著殺向古書祭的主戰場——露天淘寶市（日文叫「青空掘出し市」），即從岩波圖書中心的台階下，一直到小川町地鐵站，沿著靖國通的步道一字排開，綿延兩站地的露天書

畫家用銀色螢光筆的英文簽名「Kuniyoshi Kaneko」。

六卷本《北歐版——情色的歷史》（*A History Eroticism*）。

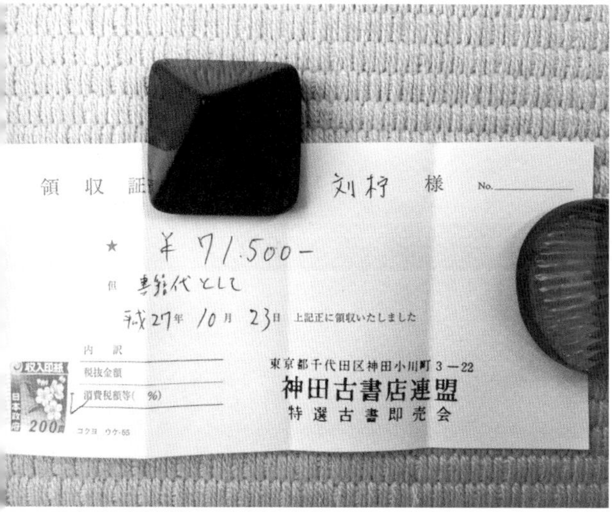

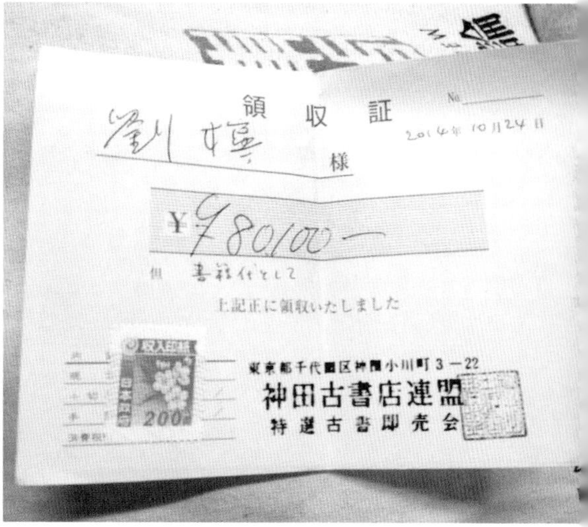

今年的票面金額是 71500 日元，去年是 80100 日元——「預算」竟有結餘，足可慰藉。

市。店家們會把平時積壓的庫存以相當便宜的價格甩賣。對我個人來說，因神保町書街常來常往，每次必「掃」，似無必要專挑這三天逛，而真正有意義的還是古書會館的特選賣場。加上預算早已底掉，也就不再戀棧了。遂帶著曉丹從西向東走一遭，走馬觀花，聊盡「地主」之誼。

走了不足百米，便邂逅了兩位舊書店主朋友，都是我常逛的藝術系舊書店：一位是蜻蜓文庫（かげろう文庫）的佐藤老闆，西裝革履，貌似正準備應對電視台的採訪；另一位是波希米亞書店（BOHEMIAN'S GUILD）的櫻井青年，告訴我店裡新近入手了一套《竹久夢二畫集》初版本，一套四卷，讓我過去看一看。我應了，可後來卻沒去。一則沒時間，二則實在是沒地方放了——臨回國前的兩三天，成天焦慮於在羽田機場如何應對行李超重和在帝都機場如何應對開箱檢查的「虛擬」問題，不亦樂乎。

要說矯情，大約也不無矯情。不過，對書人來說，這種矯情，也算是一種「蜜甜的憂愁」吧。神保町，撒喲娜啦。

第五十六回古書祭挑燈夜戰。

9　那家魯迅最喜歡的書店，一百歲了

二〇一七年，是內山書店創業百週年。躋身百年老店，在神保町其實算不上什麼了不得的業績，但由於這家書店在現代中日關係史上所扮演的角色，確實超出了一般書肆的範疇，事實上，已構成中日文化交流史的一部分，故頗吸引兩國文化界的關注，分別在上海和東京，舉行了盛大的慶祝活動。

因迻譯內山完造《花甲錄》的緣故，自揣多少瞭解一些內山書店的歷史。我個人把內山書店百年史分成三個階段：上海階段——一九四五年前的內山書店，由內山完造主導；東京階段則分兩個時期——一九三五年至戰後一九八四年，由內山嘉吉主導；從一九八五年至今，由內山嘉吉之子內山籬主導。而在這三個階段中，或延續，或平行，其實先後有過三個內山書店：一是一九一七年創立，一九四五年被國民政府接收的上海內山書店；二是一九三五年，按內山完造的意圖，由完造的么弟內山嘉吉在東京設立的東京內山書店；第三是一九三八年，回日本養病的美喜夫人於長崎開設的長崎內山書店。

嚴格說來，內山書店最初的創業者是完造夫人內山美喜。二人婚後，完造仍奉職於大阪的參天堂藥店，常駐上海，負責在大陸推銷一種「大學眼藥」。因夫君常公出，夫妻聚少離多，一方面為排遣妻在異國他鄉的孤獨感，另一方面完造從內心不信任大阪商人，總怕被人坑，原本也正想做一點副業，以未雨綢繆。於是，夫妻倆一合計，決定先讓美喜試開一爿小書店。一九一七年夏，完造又去外埠出差，「旅行歸來後，美喜已遷居至北四川路魏盛里的家裡」。上下兩層，一樓是一個八張榻榻米大的房間和廚房；二樓有倆房間，十一張榻榻米的房間和一個三角形的小房間（實際是玄關）。結果，小房間成了書店。起初連個書架都沒有，在櫃櫥上面隨意擺了百十來本書刊而已。因夫婦都是虔誠的基督徒，開始時只賣一些《聖經》研究雜誌和基督教思想家內村鑑三的著作。讀者基本上是上海日本人居留民中的基督徒和基督教背景的商務人士。此前，上海的日本人書店已有文路上的日本堂、申江堂和閔行路的至誠堂，魏盛里的內山書店算是第四家。

果然，大阪商人的不靠譜被完造言中：內山書店開業還不到三年，參天堂老闆田口謙吉前腳去世，後腳完造就被炒了魷魚。於是，「我把大學眼藥的上海營業權移交給了後來成為我的長期助手的中國人王植三先生，而我自己則成了妻子創業的內山書店的主人（其實是從妻子手裡搶過來），專注於書店的經營」。從眼藥商到書店老闆，轉身不可謂不猛。但在完造而言，開書店既是為稻粱謀，也是信仰的召喚。

如此，在內山夫婦胼手胝足的苦心經營下，內山書店從一爿位於弄堂甬道裡的「玄關書店」，成長為大陸首屈一指的日系書店。從戰前到戰時，在波譎雲詭的中日關係的夾縫中，扮演了微妙而重要的角色，事實上，成了那個時代中日文化交流，特別是左翼知識人溝通活動的平台。尤其是在魯迅生命的最後十年，以魯迅—內山為主線串連起來的作家名單，幾乎涵蓋了中日兩國現代文學史上最重要的知識人。

內山完造本人是反戰主義者，更是不可救藥的悲觀論者。這並不是隨著戰爭推進，國際環境和交戰雙方實力發生變化後的「轉向」，而是他始終不變的立場。他在《花甲錄》中如此寫道：

打一開始，我就持戰爭悲觀論，曾說過「前途更無光明」——那是我對中日戰爭開始以來的信念。一次，在日本文化協會主持的工業俱樂部的講演會後，我被兩位陸軍將官喊住：「聽了你的話，感到與軍方的中國觀完全相反，是這樣吧？」我答道：「軍方的想法如何我不清楚，但我的確是這樣觀察中國的。」遂把彼時的講話印成了小冊子，由文化協會對外發行——這是中日戰爭剛開始時的事情。

結果被內山言中，自不在話下。但對預言者來說，預言的中，到底是幸還是不幸，倒要看預言者本人的三觀了。就內山而言，儘管付出了極其慘重的代價，但內心是充滿喜樂的。他早料到這一天遲早會到來，並為此在做著準備。早在戰前的一九三五年，完造就囑咐弟弟嘉吉在東京創辦了東京內山書店。這種決策的背後，一方面是從上海內山書店經營者的立場出發，痛感國際間圖書交流的重要性。雖然當時東京已有文求堂等幾間書店在經營漢籍，但內山授意嘉吉應重視當下的「活中國」，經營新刊圖書。另一方面，確也有種已窺到日本在大陸文化存在感的邊界，為事

位於上海北四川路上的內山書店。

一九三三年初夏，魯迅與內山完造，攝於內山寓所前。

魯迅與出席木刻講習會的藝青們合影（一九三一年八月二十二日）。魯迅右側是內山完造胞弟內山嘉吉，當時是一名美術教師。應兄長之約，暑假來華講授木刻，由魯迅親任翻譯。

業延續而提前鋪路的意味。得到日本投降的消息後，遂決定對上海圖書有限公司等大股東，「將全部出資額予以返還」。接著，「對所有日本人和中國人店員，公開書店的全部資產和負債，並交待：洋紙一百五十連[1]贈予魯迅夫人許廣平女士，其它物品請大家分取，我自己什麼都不要」。後被國民政府限期離境，並禁止攜帶任何行李，僅穿一件對襟毛線衣就登上了回日本的遣返船。

戰後的內山完造，全身心投入中日友好事業。先就任日中貿易促進會代表委員；一九四九年，中華人民共和國成立後，發起成立日中友好協會，並親任理事長。一九五九年九月十九日，應邀參加北京的建國十週年國慶觀禮時，突發腦溢血。兩天後，在北京協和醫院去世。後埋骨於上海萬國公墓，與美喜夫人合葬，可謂是用生命踐行「中日友好橋梁」的先行者。而東京內山書店，則由弟弟內山嘉吉夫婦一手打理。

如上海內山書店從「玄關書店」起步，逐漸發展成一間著名的人文獨立書店一樣，東京內山書店作為中國圖書專門店的發展，也經歷了幾個時期。最初位於世田谷區祖師谷大藏一爿出租屋中的店鋪，兩年後（一九三七年），遷至神田一橋。一橋時期，開始與中國國際書店合作，發行《人民中國》、《中國畫報》等大陸系刊物，成為戰後初中期，日本知識分子瞭解中國的重要視窗。一九六六年二月，由郭沫若揮毫的「內山書店」四字行書看板，至今仍懸掛在神保町內山書店的門楣上。文革時期，日共與中共決裂，日國內的日中友好團體和中國系書店，紛紛選擇重新站隊，但內山書店卻以其公認的專業性，巋然不動。

一九六八年八月，內山書店再次遷移至神保町鈴蘭通，位於寸土寸金的書店街核心區。一九七四年三月，改組為株式會社，內山嘉吉任會長兼社長。嘉吉是一位卓越的經營者，在他的主導下，書店的業務規模不斷擴大，在日本漢學界具有舉足輕重的影響，穩據神保町中國系書店「御三家」之首（另外兩家是東方書店和山本書店）。一九八五年九月，在東京內山書店創業五十週年之際，社屋改造工程竣工，原店鋪擴建為七層樓的內山大廈，一至三層為書店。即使在百年老店紮堆櫛比的神保町，擁有如此華屋的書店，

1 日本洋紙計量單位，一連（R）相當於一千張洋紙，或一百枚紙板。

亦堪稱鳳毛麟角。

內山嘉吉比完造小十五歲，受兄長的影響，早年就形成了不同於那個時代主流的中國觀。一九三一年八月，在東京成城學園小學部擔任美術教師的嘉吉，暑假應兄長之約前往上海，在內山書店附近的狄思威路[2]上的一棟三層小樓裡，舉行了「木刻講習會」，共有十三位青年木刻家參加。統共六天的講座，魯迅全程出席，並親任口譯。嘉吉在〈魯迅和中國版畫與我〉[3]一文中，深情回憶了與魯迅共處的時光。講習會頭一天（八月十七日），眾人在內山書店集合，然後一起走到講習會的會場。一向不修邊幅的魯迅，當天穿了一件嶄新的白府綢長衫，「魯迅先生風采奕奕出現在內山書店門口的形象，就像一道銀白色的雪光，映照著我的心靈」。而後來據增田涉說，「那件長衫料子是史沫特萊贈送給魯迅先生作為紀念的。如果真的是這樣，那麼這一天一定是他初次穿上」。後

2 關於「木刻講習會」的地點，內山兄弟的回憶有出入，本文權且以內山嘉吉的回憶為準。

3 見《魯迅回憶錄》（散篇），下冊。北京出版社，一九九九年一月版，一五三〇頁。

坐落在神保町鈴蘭通上的東京內山書店（看板由郭沫若題寫）。

來，嘉吉還不止一次在北京和上海的魯迅紀念館中看過那件長衫，「記得那件長衫的顏色似乎已變成淡淡的茶色了」。彼時，內山嘉吉不過是一介藝青，卻得以近距離親炙文豪，面對面地交流藝術觀和人生觀，受到前所未有的鼓舞，很大程度上改寫了他的人生道路。他日後在日本出版了《魯迅與木刻》一書，並於一九八五年被譯成中文在大陸付梓。

嘉吉還記述了一樁對魯迅內心的愧疚：

> 我記得是在講習班第四天的午後，魯迅先生來到我兄的書店，給我送來非常珍貴的禮物——德國著名版畫家凱綏・珂勒惠支的作品：一幅銅版畫和七幅一套的石版組畫《織匠》。每一幅上都有珂勒惠支的鉛筆簽名，這是難能可貴的。這幾幅畫魯迅先生都親手用襯紙把它襯上，另外再用紙書寫上畫題，並在上面簽上魯迅的名字和贈與我的姓名。這一定是魯迅先生非常珍愛的收藏品！據說，當時在日本也沒有這兩件作品，我那時激動之餘，深感到不勝惶恐。[4]

4 見《魯迅回憶錄》（散篇），下冊。北京出版社，一九九九年一月版，一五四三頁。

如此饋贈且不說今天，即使在當時，也是珍品中的珍品。可是，「在一九四五年五月二十五日的一次空襲中，這些東西都被大火化作了灰燼，至今我一直感到悔恨交加」。

不過，也正是這種愧疚感，使內山嘉吉在書店經營之餘，成了魯迅文物和中國藝術品的收藏家、研究者。一九四七年二月，內山嘉吉親自策展並成功舉辦了「中國初期木刻展」，所展出的六十八幀木刻，均係魯迅生前寄贈嘉吉，「以求批評」的大陸新銳青年版畫家的作品。畫展原計畫只在神戶舉行，但反響熱烈，遂陸續赴大阪、京都和東京巡展。巡展結束後，由日本華僑新集體版畫協會出版了二百部紀念本《中國初期木刻集》，扉頁上印著「獻給中國新興木刻導師魯迅先生」的題詞——這是在日本出版的第一部中國現代木刻集，內山嘉吉無疑是背後的推動者。

戰後初期的一天，內山嘉吉在東京都內為書客配送書籍。歸途中，在水道橋站（離神保町一箭之遙，舊書肆林立，也屬於廣義的神保町書街）附近，見一間舊書店門前，堆滿了舊書。憑著書店經營者的本能，他一眼就發現了書堆中的兩本漢籍：《吶喊》和《彷徨》。抽出來一看，竟然是魯迅的簽名鈐印本。不僅如此，扉頁上都有魯迅題詩！結果，「他只花了價值兩杯咖啡的錢，就買下了這兩本珍貴的書籍。」[5]筆者對水道橋一帶的舊書肆輕車熟路，擲金無數，記得十幾年前初次讀到這個故事時，立馬翻出神保町書街地圖，試圖索隱出是哪家書店，也大體有所心得。可畢竟時代不同了，魯迅研究的顯學化，加上舊書業的專業化和商業化，如此大漏，已殊難期矣！

嘉吉收藏的版本極其珍貴。因為，這是目前所知的魯迅唯一一次在自己的著作版本上題詩贈友。兩本書均題贈給日人山縣初男，《吶喊》的題記是：

弄文罹文網，抗世違世情。
積毀可銷骨，空留紙上聲。
自題十年前舊作，以請山縣先生教正。魯迅（印）
一九三三年三月二日於上海

《彷徨》題記為：

寂寞新文苑，平安舊戰場。
兩間餘一卒，荷戟尚彷徨。
酉年之春，書請
山縣先生教正。魯迅（印）

二題記均為迅翁獨有的小楷行書，留白得當，技巧圓熟，一氣呵成。兩方名章，一朱一白，一隸一篆。查《魯迅日記》可知，山縣初男並非文化人，而是一名商人，曾在漢冶萍鐵礦任日鐵大冶辦事處主任。經

內山嘉吉在大陸出版的著作《魯迅與木刻》（與奈良和夫合著），人民美術出版社一九八五年十月第一版。

5 見《魯迅與日本友人》，周國偉著，上海書店二〇〇六年九月版，一五一頁。

內山完造引薦，曾與魯迅吃過飯。後向迅翁索書，魯迅遂慷慨題贈。第一次贈書（《吶喊》）後，山縣即致信魯迅，並回贈一只檯燈。一九三三年三月十七日《魯迅日記》記載：「午後得山縣初男君信，並贈久經自用之桌鐙一具。」〈題《彷徨》〉一首末句「荷戟尚彷徨」，在收入一九三五年五月上海群眾圖書公司版《集外集》時，魯迅將「尚」字改成了「獨」。後內山嘉吉翻拍照片，提供給上海的魯迅博物館。如此，這兩首重要詩稿的手跡才得以保存下來。

出版家趙家璧曾是上海內山書店的常客，也承蒙老闆的關照：「店主內山完造熱情好客，他知道我是魯迅的朋友，又在良友圖書公司當文藝編輯，經常拿一大疊日本出版的書目和廣告品塞在我的手裡。我不單從他那裡買過許多日文書做參考，也從這些書目廣告中得到關於編輯、選題和裝幀設計方面的啟發和借鑑。」趙在良友時代主持的大型出版工程——著名的《中國新文學大系》，就是受了在內山書店過眼的《世界美術大系》等日系出版物的啟迪後產生的創意，索性連「大系」的名頭也一併「拿來」，倒也全無違和感。

一九八四年八月，趙隨中國出版代表團赴日，東京內山書店自然在必訪名單之列。當時，內山嘉吉已年逾耄耋，健康狀況堪憂。但他還是在夫人內山松藻和兒子內山籬的陪同下，在東京一家著名的法國餐廳宴請趙，並對趙和盤托出了自己的一個夙願：

日中兩國各有一家內山書店的設想，從一九三五年到一九四五年實現了整整十年。現在日中友好已發展到一個新階段，書籍的交易也是國際文化交流的一種形式，為了紀念內山完造，中國方面是否可以考慮在上海恢復內山書店，專售日文書刊呢？如果利用過去的店址，那就更有意義了。[6]

內山嘉吉自知不久於人世，想以趙為溝通管道，懇請中方研究應對。趙家璧回國後，也確實盡心張羅過一番，一度似乎也取得了一定的進展：「從（一九八四年）十一月三十日《文匯報》的專題報導，看到我們國家領導，對此已表同意，店址猶待商談。我想內山嘉吉先生在病中聽到這個好消息，一定會莞

6 見《書比人長壽》，趙家璧著，三聯書店（香港）有限公司，一九八八年一月版，二九八頁。

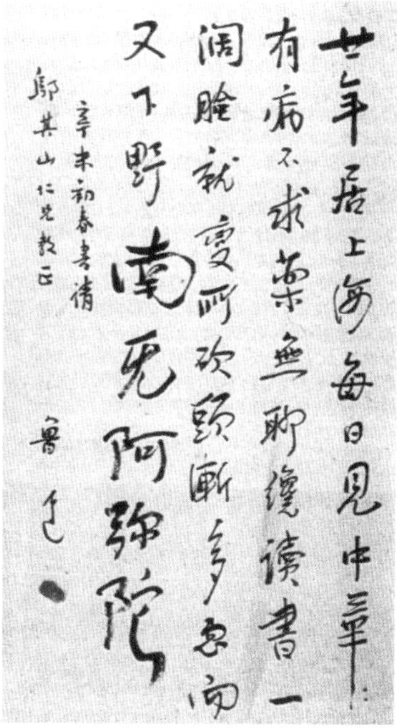

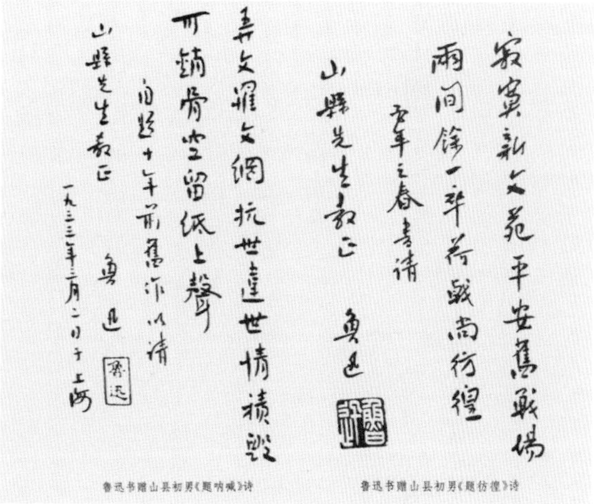
鲁迅书赠山县初男《题呐喊》诗
鲁迅书赠山县初男《题彷徨》诗

因內山嘉吉收藏而得以保存的兩首魯迅詩詞手跡（右）；魯迅一九三一年書贈內山完造（「鄔其山」為完造日文名的諧音）詩：廿年居上海，每日見中華。有病不求藥，無聊才讀書。一闊臉就變，所砍頭漸多。忽而又下野，南無阿彌陀（左）。

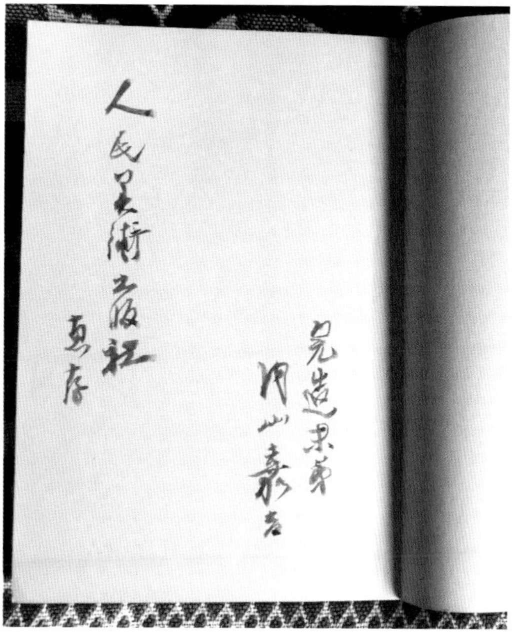

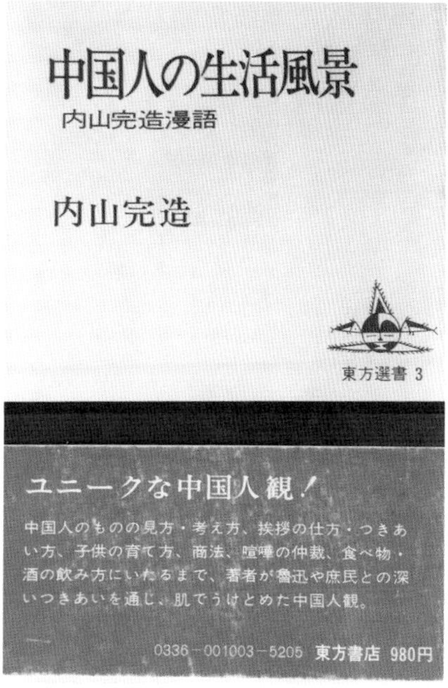
中国人の生活風景
内山完造漫語
内山完造
東方選書 3
ユニークな中国人観！
中国人のものの見方・考え方、挨拶の仕方・つきあい方、子供の育て方、商法、喧嘩の仲裁、食べ物・酒の飲み方にいたるまで、著者が魯迅や庶民との深いつきあいを通じ、肌でうけとめた中国人観。
0336－001003－5205 東方書店 980円

內山嘉吉贈與人民美術出版社的日本出版的完造著作。

爾而笑吧。」[7]同年十二月，內山嘉吉病逝。就結果而言，夙願終成了遺願。

內山嘉吉作為東京內山書店的掌門人，身兼多種社會角色，其實相當「越界」。作為友好人士，生前與中國的出版界、學界和美術界均保持廣泛的接觸。我自己由於讀魯迅的緣故，對內山兄弟的名字當然並不陌生。大約是一九九六年冬天，我在東單街口的中國書店（毗鄰青年藝術劇院，今已消失）曾淘到一冊日文舊書《中國人的生活風景》，是東方書店於一九七九年六月出版的內山完造隨筆集。扉頁上有內山嘉吉的毛筆題簽：

人民美術出版社 惠存
完造末弟
內山嘉吉

嘉吉學美術出身，長於書道，行書小楷遒勁灑脫，文人範兒十足。我當時並不知道嘉吉先生已經去世，甚至萌生過把此書再回贈給嘉吉先生的怪想法，也是可笑。

作為常泡神保町的書客，坦率地說，漢學系的內山書店並非我的「主菜」。每每去神保町，有限的時間，我一般會優先幾家新刊書店和藝術系、歷史系的舊書店。從鈴蘭通上著名的東京堂書店貓頭鷹店出來，左手就是內山書店。但瞅一眼郭沫若揮毫的看板，卻三過山門而不入，徑直朝西，過了白山通，直奔櫻花通上的原書房、文華堂等舊書店也是常有的事。不過，即使按四、五次中進去一次的頻度，過去二十多年來，去過幾十次總是有的。我常逛的是一層和三層，二層有很多中醫、民間工藝和CD、DVD等電子媒介，我基本不看。

印象較深者有二。一是現任老闆內山籬清瘦頎長，戴金絲邊眼鏡，像其他舊書店主似的，整飭的西褲襯衫外面，繫著圍裙（那種上下連身，在後腰部繫帶的布圍裙，是日本舊書店業通行的作業服），氣質儒雅，卻不苟言笑。儘管內山書店是神保町少有的店內有電梯的舊書店，可總見他懷裡抱著一摞書，樓上樓下地跑，要麼就站在書架前，像是點檢庫存。老闆娘是一位短髮、圓臉，稍有些富態的中年女性，總面帶微笑，

7 同上。

對客人打招呼的聲音很迷人。她一般會坐在一樓銷售點內側，收銀或整理報刊（一層有很多陸港澳台的報章雜誌），總是很忙碌的樣子。

二是內山書店的書皮，原色牛皮紙上，印有深咖啡色的、好像是青銅器饕餮紋似的紋飾，上下排列，一陰一陽，旁邊是書店的Logo：UCHIYAMABOOKS。古樸而簡素，是那種在眾多獨立書店的書皮中，可一眼就辨認出來的。

多虧了這種書皮，此刻，我坐在書房的桌前碼字，只需抬頭一掃，便能從四周的「書牆」中迅速鎖定不同時期從內山書店淘來的漢和版書籍，如溝口雄三的《作為方法的中國》、內山完造的《花甲錄》、藤井省三的《百年中國人》、何方的《黨史筆記》和中村真一郎的《江戶漢詩》，等等。

內山兄弟（完造與嘉吉）。

內山書店免費提供的書皮。

紀念內山書店創業一百週年的小冊子。

摩挲這些書口已泛黃的卷冊，意識到最早淘來的一本已逾二十五年。二十五年，對個人，是一段不短的時間。但對內山書店來說，只是四分之一的路程。而在這最後的四分之一之前，是一段更漫長的路程。其間發生的故事，橫跨日本和大陸，與魯迅、內山完造等歷史人物的名字緊密相連，可謂一部濃縮的中日關係史。此前談論的故事，還會被繼續談論下去。同時，也會有新的故事發生。讀書人與書店和書，真是一種奇妙的關係。彷彿受制於一個神祕的方程式，置於不同的時空場域，三者作為「變數」重新組合，竟會像萬花筒似的，變幻出無限豐富的可能性，從而凸顯迥異的文化景觀，創造一段又一段獨特的歷史。

——這，就是內山書店的百年史給我的開示。

內山書店的店堂。

內山書店的柱體上貼著創業一百週年的海報。

Tokyo

輯外

何謂書香社會

1 漫話東瀛書業和書店文化

對世界各國人均購讀量的統計資料表明，日本是不折不扣的讀書大國。這一點，基本無須詮釋，只消稍留心一下東京電車上和車站、咖啡等公共空間的閱讀風景便可了然。而讀書大國的有效支撐，則是書業大國和書店大國——沒了後兩者，閱讀便成了無米之炊。所謂書業，顧名思義，即生產圖書的產業——出版業？但我個人話語中的出版業，則是包括了新聞媒體（特別是雜誌）在內的廣義內容產業的概念，或者叫做「大出版」。而書店，按理說應該算是書業的一環。但為了談論的方便，我們權且把這一環拎出來，作為與出版相平行的課題，來單獨探討。

先從書業談起。擬圍繞新聞媒體、圖書出版、出版的激勵機制和出版業的「東洋標準」這四個層面來展開我對東瀛書業的觀察。

新聞媒體

我為什麼選擇從新聞媒體的視角切入出版問題呢？主要基於三個理由：一是媒體與出版（這裡指圖書出版）有很多重合的「交集」。日本的媒體，特別是雜誌，很多是出版社在辦。如著名的講談社旗下，盛期時有百餘種雜誌，甚至出現所謂「雜高書低」（即雜誌的銷售額高於圖書碼洋），以誌養書的現象。媒體大多擁有自己的出版社，且很多是重要的大型出版社，如大報中的朝日新聞出版社、每日新聞出版社和日本經濟新聞出版社，雜誌中的文藝春秋出版社等，都是出版業巨擘。

其次，媒體是出版的「底本」。以動輒數百萬份，甚至上千萬份計的大報為龍頭，海量發行的報章雜誌，幾乎達到（每日）全國人手一紙（誌）的程度（日全國人口目前約為一・二七億）。日復一日，媒體生產線上產出的天文數字單位的內容產品，除了一部分單純的資訊之外，其餘相當的部分，會直接轉化為圖書出版的內容，如報紙和時政、文化類雜誌上文藝副刊中的專欄和虛構、非虛構作品的連載。

第三，人才也高度重合。現代大眾傳媒與大學一樣，是思想和新知的熔爐。尤其是日本媒體，高度的菁英化和廣泛的覆蓋，優秀的暢銷書作家和學者輩出，代有人才，各領風騷。如前《文藝春秋》雜誌政治記者、曾以〈田中角榮的金脈與人脈〉的調查把田中角榮拉下馬的立花隆，轉型為著名的暢銷書作家；筆者的友人、已故《東京新聞》編輯委員清水美和係著名的中國問題學者，著述頗豐；騰訊「大家」的簽約專欄作者野島剛則是《朝日新聞》記者，同時也是作家，致力於日文和中文雙語寫作，在中日兩國出版了多部非虛構作品。

日本的新聞媒體與出版的距離很「近」，甚至有種「螳螂捕蟬，黃雀在後」的態勢——「螳螂」是報紙雜誌，「黃雀」是出版社。即報紙雜誌是上游，是中間產品，而出版社是下游，負責「收割」，推出的出版物是最終產品。譬如，有一種刊物叫綜合雜誌，或者叫「論壇誌」（Opinion Magazine），月刊，很厚，像書一樣，如《文藝春秋》雜誌，平均有五二四頁。這類雜誌，為日本所特有，與大報一樣，多係戰前就存在的百年老店。在內容上，顧名思義，像一個論壇一樣，形形色色，五花八門，從時評、調查、政論，到隨筆、小說、書評，一應俱全，要啥有啥。其中，還包括大量連載，虛構和非虛構都有。多的時候，十個八個連載同時開張，不在話下。不用說，這些連載，大多與出版直接捆綁，一俟連載結束，馬上會推出單行本。如二〇一四年八月，《文藝春秋》上連載的村上龍的小說《老恐怖分子》（オールド・テロリスト）終於迎來了最終號（第三十九回）。可以斷言，如無意外，同名單行本小說不日即將由文藝春秋社推出。這種論壇誌，七、八年前有十數種，且政治立場左、中、右俱全。近年來，受制於日本國內輿論磁力場的變化和出版不景氣，急劇減少，目前僅剩下《文藝春秋》、《中央公論》和岩波書店的《世界》等數種，但都是重要的輿論和出版平台。

這種新聞媒體和圖書出版你中有我、我中有你，相互滲透、雙向互動的現象，並不唯東洋所獨有，卻以日本為盛。特別是在互聯網資源整合加速的今天，媒體與出版的邊界日漸模糊，乃至所有談論大眾傳媒的著作必論及出版，反之亦然。

圖書出版

東洋出版歷史悠久，傳統深厚。天正十年（一五八二），基督教傳來日本未久，日本向歐洲派遣了由四人組成的少年使節團。他們回國時帶回了鉛鑄活字和木製印刷機——此乃西洋活版印刷術舶來日本之初。日人開始仿造活版，以羅馬字、漢字和假名混用的表記方式，印刷《聖經》等基督教書籍，稱為「傳教版」（キリシタン版）。但由於此前從中國傳來的木版印刷已然在日本落地，並用於印刷經文，這種從西洋舶來的活版印刷未能在東洋生根。慶長年間（一五九六—一六一五），京都出現了民間出版業。江戶時代，基於整版印刷術（一種比活字印刷術更先進的、適用於大量印刷的印刷技術）之上，由版元（出版社）、問屋（中盤商）、本屋（書店）及貸本屋（圖書館）構成的書業已相當發達，釀成了由浮世繪、滑稽本和人情本（插圖版戀愛小說）構成的活色生香的前現代出版文化（即所謂「和本」文化）。

日本現代出版業與國家的現代化進程同步，甚至更早一些，濫觴於幕末時期。經過明治維新和自由民權運動的洗禮，迅速成長，大正時期已有相當規模。昭和元年（一九二六），由改造社推出的「元本」（即書價僅一日元的廉價文庫本），一掃此前清一色豪華本的陳腐風氣，為出版業注入了前所未有的生機。最初的「文庫熱」是在一戰前後，距今剛好一個世紀。至二戰前夕，日本出版業取得了長足的發展，有了岩波書店、文藝春秋、講談社等出版大鱷和岩波茂雄、菊池寬、野間清治等名出版家。

戰後，出版業不僅是國民經濟的重要部門，而且是消費社會的推手，一路高歌猛進。即使在經濟復興時期，出版物的發行量也在飆升，甚至遭遇石油危機（一九七三年）的挫折，增速都未見放緩（出版種類和碼洋都在增長）。泡沫經濟崩潰後，出版業仍維持了五、六年的增長，至一九九六年達到峰值。接著，是漫長的不景氣時代，出版業開始衰退。出版社從盛期時的四六一二家減少到三七三四家（二〇一一年資料）；出版新書種類從每年八萬多種，降至七・九萬種，總發行量為十三億冊。與出版衰退同步發展的，是讀者閱讀趣味的「脫活字」化和多元化：從一九九五年秋季開始，個人電腦逐漸普及；接踵而至的，是手機。這種「四六時中，人手一機」的現象，極大地改變了出版環境，在此前錄影帶文化的基礎上，個人消費開始向電玩、動漫和流行音樂等後現代文化產品傾斜。

在這種情況下，出版要想「破局」，只能拚命擴大品種，同時減少印數。結果是，出版社、中盤商和書店三者「共謀」的「新刊主義」（「新刊」，日文中意為新發行的圖書）越做越大，尾大不掉，退貨率居高不下（約為四成），造成了一定程度的粗製濫造和資源浪費。

不過，雖說如此，在出版持續不景氣的一九九七年以降，仍不乏百萬級暢銷書（Million Seller）。如《五體不滿足》、《傻瓜之牆》（バカの壁）、《國家的品格》（國家の品格）、《哈利波特》（日文版）、《1Q84》等，均發行二百至五百萬冊。二〇一三年度第一暢銷書是村上大叔的《沒有色彩的多崎作和他的巡禮之年》（二〇一三年四月，文藝春秋社初版）。據說上市第七天，銷售便輕破百萬冊大關。可以說，東洋出版業自大正以來近百年的現代化深耕，新聞媒體和圖書出版高度依存的狀況，及作為這二者共同釀造的結果——一個「書香社會」，使所謂「出版大崩潰」（二〇〇一年日本出版的一本暢銷書）的神話成了偽問題。

激勵機制

日本出版繁榮的背後，其實有一整套旨在鼓勵創作、獎掖閱讀、刺激發行的激勵機制。儘管這種機制在本質上仍是商業的，但由於其對文化的傾斜性投入、程式設計的公正和操作的透明，大體保證了其有效運作，成為出版的「酵母」和「催化劑」。擬從兩點來談一下這個問題：一是廣告和書評，二是文學獎項。前者的主體是新聞媒體，而後者主要由出版社和書店主導（也有一部分獎項由媒體創設，如讀賣文學獎、每日出版文化獎等）。

大凡遊歷過東瀛者，都會對東京、大阪電車上一排排懸掛的車內廣告驚嘆不已。如果細加觀察，便會發現，其中相當的部分，是各類雜誌和書籍的廣告。翻開《朝日新聞》、《讀賣新聞》、《每日新聞》等大報，拋開一週一期的書評版不說，占據頭版、二版等重要版面的廣告，往往是圖書廣告。一些實力雄厚的出版社推出的大暢銷書廣告，動輒占據報紙的一整版，不在話下。如村上春樹《挪威的森林》文庫版、小林多喜二的《蟹工船》新裝版、陀思妥耶夫斯基的《卡拉馬佐夫兄弟》日譯新版出版時，都在《朝日新聞》等大報上做過整版彩色廣告。這在中國簡直是不可想像的。即使面向主流知識社會定製發行的報紙如《南方週末》，整版插頁廣告也多是西門子、日立、海爾等上市公司，圖書廣告登陸大報幾乎是天方夜譚。

從這裡，亦能看出日本新聞媒體對出版等文化產業的重視。要知道，日本出版業的整體規模即使在鼎盛期的一九九六年，也不過是二・六萬億日元（指碼洋）上下。經過連續十七年的下滑，到今天已經縮水了三・五成，二〇一三年度為一・六九萬億日元，只勉強與一家中型電機公司松下電工的銷售額相當。試想，如果沒有新聞媒體對出版業的傾斜政策的話，哪怕是利潤最高的出版社，怕也休想在《朝日新聞》等「高級紙」上做廣告吧。

媒體對出版的支持，除了廣告，還有書評。日本出版界有所謂「書評三千」的說法，意思是一本出版物，只要在報紙上發表書評推介，實銷量便不會低於三千冊。主流大報都闢有書評版，請各自簽約延聘的書評委員撰寫書評，力求「理中客」。這些書評委員均為各學科領域成就卓著、世所公認的專家學者，獨立於媒體和出版社，以立足於專業標準之上的個人趣味推介近期出版的學術新刊。如目前《朝日新聞》的書評委員有二十一人，其中不乏國人熟悉的學術大家，如藝術家橫尾忠則、作家赤坂真理、哲學家柄谷行人、歷史學者保阪正康和建築師隈研吾等。

日本是不是文學大國，是一個見仁見智的問題，但日本肯定是一個文學獎大國。形形色色的文學獎和學術著作獎，對出版也是一種「催化劑」。戰前由文豪菊池寬創設的純文學獎芥川（龍之介）獎和大眾文學獎直木（三十五）獎，有近八十年的歷史，一年兩度由文藝春秋社主持評選，是新晉作家成功的「窄門」。因寒暑假等原因，日本雜誌在二月和八月是發行低迷期。為振興銷售計，文藝春秋社專門在這兩個月評選芥川和直木獎，被稱為「二八對策」。其中，芥川獎的獲獎作品會在三月號和九月號的《文藝春秋》上全文刊載（日本的月刊通常提前一個月發行：

即二月發行三月號，八月發行九月號）。如筆者手頭的這本《文藝春秋》新刊（九月號）上，便全文發表了榮膺第一百五十一回芥川獎的大阪府出生的七〇後女作家柴崎友香的小說《春庭》（春の庭）。不消說，一個月後，小說的單行本便會由文藝春秋社出版，且十有八九是暢銷書。順便提一句，今年八月，榮膺第五十七回群像新人文學獎，並被第一百五十一回芥川獎提名的一部小說《我輩成貓》（吾輩ハ猫ニナル，講談社，二〇一四年七月初刷），作者是岡山出生、曾在北京語言大學留學的八〇後新銳小說家橫山悠太。作品描寫一位中日混血兒為更新簽證，離開上海的親人赴日，在遭遇一系列文化震盪後，終於在御宅族（otaku）聖地秋葉原落腳的故事，不失為一部詼諧、另類的中日文化比較論。

除了芥川、直木獎，對小說、隨筆和非虛構類作品，著名的獎項還有野間文藝獎、三島由紀夫獎、川端康成文化獎、太宰治獎、谷崎潤一郎獎、吉川英治文學獎、泉鏡花獎、山本周五郎獎、大佛次郎獎、江戶川亂步獎、新潮社新人獎、日本SF大獎、日本推理文學大獎、日本恐怖小說大獎、日本手機小說大獎，等等，不一而足。除了文學作品外，還有各種學術作品獎：如上文提到的著名記者清水美和先生曾以中國問題的學術專著榮獲二〇〇三年度亞洲太平洋獎特別獎；另一位常駐中國的著名政治記者矢板明夫先生，以習總書記的傳記榮膺第九回樫山純三獎。這是一個新近創設的學術著作獎項，專門獎掖用日文出版的東亞研究佳作。

日本的出版獎項多則多矣，但遊戲規則公正，評獎過程透明，還真沒傳出過諸如我國的長江學術獎、魯迅文學獎一類的烏龍八卦。但近年來，在文藝界和普通讀者中也有不小的反對聲音，認為既成的文藝獎項多係出版社和新聞媒體的「自作自演」，過於保守、自戀，在出版不景氣的時代，已不能反映書業的現狀，不利於推動文化的發展，理應打破云云。首先「破局」者，是「本屋大賞」（即書店大獎）。二〇〇四年，在書評書店文化誌《書的雜誌》（本の雜誌）的動議下，書店業者成立了一個NPO機構——本屋大賞實行委員會，並通過這個機構來評選書店大獎。這個獎的最大特點是民主：作家、學者一律不帶玩，由實行委員會組織全國新書店的店員（包括派遣雇員和臨時工）自主線上投票，一人一票，按三個類別（「最有趣的書」、「最想賣的書」和「最想薦的書」），分別提名過去一年中的好書。再由該機構唱票、統計，最終產生十本好書。在第一回頒獎式上，《書的雜誌》總編輯浜本茂高喊「打倒直木獎！」的口號，博得了滿堂喝彩。毋庸諱言，書店大獎的獲獎作多係暢銷書，後被改編為影視劇腳本，搬上銀幕者甚眾——書店業者到底不是吃素的！

如此，正是通過新聞媒體鋪天蓋地的廣告、專業化的書評和既富於悠久的傳統、權威的學術性，而又不拘一格的各種出版獎項所形成的良性互動，日本出版才能在不景氣的時代維繫其菁英氣質於不墜，在產業規模整體縮水的情況下，力求最大限度地凸顯品質，追求一種退而求其次的適度繁榮。

東洋標準

我本人作為一介讀書人和藏書者，近二十年來，眼瞅著中國本土圖書的開本越做越大，異型本增多，乃至在居大不易的京城不得不為藏書空間而犯愁。後來，待我進入某家出版社短暫工作後才明白，從編輯到讀者，似乎有種默契的「共識」：凡暢銷書，必大開本。如此「出版文化」真害人不淺：「殺空間」，資源浪費，環保問題，對書價造成直接影響，釀成惡性循環。

日本出版史上，也有過類似好大喜功的「惡趣味」時期。那是上個世紀六、七〇年代，經濟高度增長時期，「成功人士」爭相用成套的精裝大開本書來裝飾書房，書籍成了價格不菲的「壁紙」。今天去神保町、早稻田一帶，舊書肆中有大量的文學全集，精裝函套，有些還是真皮面，是真正的豪華本。但由於過於揮霍空間，且印數龐大，基本上淪為打捆堆在店前路邊上等待賤賣的命運。「移風易俗」後，代之以開本小巧實用、裝幀簡潔素雅的審美趣味，且書目繁多，森羅萬象，無所不包。在出版業持續衰退的大氣候下，過去十五年來，小開本市場卻異常堅挺，相當程度上填補了碼洋的缺口。

主流出版物按開本大致分為三類：單行本、「新書」和文庫本。單行本與中國一樣，有大小三十二開之分，有精裝本，有簡裝本，也有軟精裝，但以硬精裝（Hard Cover）最為普遍。這三類主流產品，各有其職能分工，相輔相成，基本上構成了出版市場的主幹，我稱其為現代出版業的「東洋標準」。

「東洋標準」中的兩個主要版型，一是文庫，二是新書，說來都是從西洋「拿來」的。所謂文庫版，即A6版（148×105mm）袖珍口袋本，歷史逾百年。日本最早的文庫本，是一八九三年博文館出版的「帝國文庫」，是厚達一千多頁的精裝豪華本，與今天文庫本的概念相去甚遠。一般認為，東洋現代的文庫版，是受德國「雷克拉姆文庫」或「卡塞爾文庫」的刺激而產生的，濫觴於一九〇三年，由富山房創刊的「袖珍名著文庫」。一九一四年，新潮社刊行「新潮文庫」，比今天通行的A6版標準規格略小一些。一九二〇年，岩波書店推出「岩波文庫」，旨在以低價格刊行名著，普及學術。「岩波文庫」至今仍在延續，真正是文庫本中的百年老店，內容從古希臘先哲，到中國先秦的諸子百家，從黑格爾、康德，到馬克斯・韋伯、哈耶克，可謂相容並蓄，對文化啟蒙功莫大焉。除了「岩波文庫」外，還有改造社的「改造文庫」、春陽堂的「春陽堂文庫」，東洋出版史上的第一次「文庫熱」，在戰前便形成了。我收藏的最早的一冊文庫本，是文藝評論家廚川白村的《出了象牙塔・苦悶的象徵》（象牙の塔を出て・苦悶の象徴），一九三三年十一月由改造社出版的「改造文庫」。

一九四九年，角川書店創刊「角川文庫」，與「岩波文庫」、「新潮文庫」並稱為三大文庫。戰後，又先後掀起過四次「文庫熱」，被捲入其中的出版社所在多有。據日本出版科學研究所二〇一三年的統計，目前共有八十五家出版社在同時發行一百九十二種文庫本叢書，其中頗不乏發行量逾百萬冊的長銷書（Long Seller）：如「岩波文庫」中占據第一位的《蘇格拉底的申辯・克里托篇》（ソクラテスの弁明・クリトン），共發行一六四・二萬冊；「新潮文庫」中的首位是夏目漱石的《心》（こころ），發行實績是六百九十一萬餘冊。

按東洋書業的行規，在雜誌（或報紙）的連載結束後，出版單行本。單行本付梓三年，待碼洋達到一定水準，成本回收後，推出文庫本。但近年，這個不成文的陳規已有被打破的態勢，如二〇一〇年開始進軍文庫本市場的實業之日本社，在東野圭吾的推理小說《劫持白銀》（白銀ジャック）於某雜誌的連載結束後，並未經過單行本，而是直接推出了同名文庫本，大獲成功，熱賣逾百萬冊。

另一類袖珍本出版物是「新書」版，標準規格為173×106mm，比文庫版略微瘦長一些。此「新書」並非指新近出版的新書，而是這種開本的出版物統稱（日文中，相對於「古本」，新出版圖書叫「新刊書」）。新書的歷史比文庫淺，但也基本上是戰前從西洋舶來的文化。一九三八年，岩波書店模仿一年前英國創刊的「企鵝叢書」推出了「岩波新書」。與主要刊行經典的「岩波文庫」不同，「岩波新書」的理念是「以現代人的現代教養為目的」，向國民普及新知。如此出版理念，至今不渝。新書作者多係各個人文社科分野中公認的權威學者、學術大家，面向一般讀者，以去專業化的形式，介紹本學科的前沿動態，要求是生動有趣，提綱挈領，是一種普及型的標準化知識產品——岩波書店甚至對新書的篇幅都做出過明確要求，平均為二二四頁。

新書文化在戰時受到遏制，未能做大，戰後卻被廣泛接受，成為與文庫本鼎足並立的主流產品，並衍生出一些延伸性產品（後文論及），為東瀛書業提供了有力的支撐，點綴著紙質出版作為所謂「夕陽產業」的黃昏之美。

以上，是對東瀛書業的一個個人視角的粗線條掃描。接下來，再簡單談一下日本的書店文化。

好多書店

到過日本的人會驚異於那個國家書店之多：截至二〇一四年五月，日本全國共有新書店一三九四三家。其中，一百一十家連鎖書店，便擁有四千五百個店鋪。而這還是持續蕭條、書店業整體縮水後的結果：據統計，過去十六年來，日本每年減少五百二十二家新書店。十六年間共有八三五三家新書店消失。一九九九年，全國共有新書店二二二九六家。日本國土面積為三七．八萬平方公里，比一個雲南省還要小大約二萬平方公里。想一想，這是什麼樣的規模？

雖然新書店整體萎縮，但舊書店並沒有明顯減少。全國加盟「古書籍商組合聯合會」的實體舊書店約有二千二百家，其中東京七百七十家、大阪二百八十家、京都一百二十家。東京舊書店中的大約五分之一（約

「京都學派」重鎮京都大學人文科學研究所（「人文研」）。

「人文研」斜對過的朋友書店是京都一家重要的中國系舊書店。

一百七十家）集中在神保町一帶。舊書店不僅沒減少，且「受惠」於書業的不景氣，整體規模還有所擴大：上世紀九〇年代中後期，出現了一類既不是新書店，也不同於傳統舊書肆的書店——新古書店，主要經營近年付梓的漫畫、文庫本、新書本等大量出版，雖無甚版本價值，但品相良好的舊書。其特點是：外觀與新書毫無二致，但價格要比新書店便宜得多；而一些古籍珍本和專業書（如建築、藝術、攝影等），則要比傳統舊書店便宜得多；除了圖書漫畫，還兼營唱片、DVD。這類新古書店，剛好在出版業開始衰退的時期出現，相當程度上彌補了書業不景氣帶來的缺失，滿足了人們對新版暢銷書的閱讀飢渴，因而頗受歡迎，增長迅速，如BOOK OFF、古本市場等，均是在都會繁華街區擁有眾多店鋪的大型連鎖商。

這種新古書店的出現，還帶來了另一重大影響，那就是：人們讀過之後的書，還可以處理給下游的舊書店——多了一次流通。如此，從出版社，經過中盤商，到新書店，再到新古書店，最後到舊書店，一本書可以有三次以上的流通（還不算圖書館管道的流通），極大提高了知識文化的傳播效率。所以，我常常對朋友說：在日本丟東西不怕，但丟什麼千萬別丟書。東瀛治安良好，基本上是路不拾遺的社會。我個人在過去二十年就有過遺失Walkman、照相機、iPhone的紀錄，但都「完璧歸趙」了。唯獨丟書，那是真難找回來。一是「書香社會」——讀書人確實多；二是書有價值，無論新書、舊書。

為什麼強

我個人常常被中國的出版人、媒體人朋友問到的一個問題是：日本書店做大的祕密何在？確實，這也是我自己多年來一直在觀察、思考的問題。每當我去新宿站東口的紀伊國屋書店、東京站八重洲口的八重洲圖書中心、池袋站東口的淳久堂書店、御茶之水站聖橋口的丸善書店，及位於神保町書店街鈴蘭通上的三省堂本店和東京書店貓頭鷹店的時候，總禁不住在想：為什麼這些書店能堂堂在這裡營業，而且做得如此「高大上」，一做就做了幾十年，甚至做成了百年老店？進而又想到，為什麼這些黃金地段的「高大上」建築不是政府機關，不是銀行、警視廳和保險公司的

位於新宿東口的紀伊國屋書店本店。

位於池袋東口的書店淳久堂本社。

我常住的池袋東口，有一間舊書店「古書往來座」。

大廈，而是一間書店？

答案肯定是多重複合結構的，殊難一兩句話講清楚。但最直接的原因，我想恐怕有兩點：一曰「再販制」，一曰「委販制」。先說前者。所謂「再販制」，全稱是「再販售價格維持制度」：即圖書由出版社定價，零售商（包括新書店、亞馬遜等電商和兼營圖書的便利店）務須遵守，不可擅自降價，或變相打折。新書不降價，其實是日本自江戶時代以來書業的不成文行規。但作為法律出台，則是戰後的事情。日本《反壟斷法》（獨占禁止法）規定，任何產品的價格，不可由生產商單方面決定。但為推動、確保文化事業的繁榮和生命力計，一九五三年，國家立法，對出版業「網開一面」，以法律的形式承認了「古已有之」的「潛規則」——即「再販制」。

可別小看這個「再販制」。在互聯網2.0時代，它是確保實體書店不被電商衝垮的「防波堤」、「防火牆」。日本很多新書店，雖然也發行積分卡，但積累的點數原則上只能購買文具（大書店多附設文具店），或在書店的咖啡廳消費。據《每日新聞》二〇一四年七月五日報導，因電商亞馬遜暑假期間，面向學生推出所謂「積分回饋」的促銷政策，「造成了事實上的圖書降價」，遭東京都內三家大型出版社的抗議，停止向亞馬遜供貨。為聲援三社的維權，在首都圈內擁有眾多連鎖店鋪的大型新書店有鄰堂，在自己的店鋪內為這三家出版社專設新書角，旨在彌補三社因維權而蒙受的損失。如此出版社與實體書店聲氣相求的互動，恐怕是東瀛才能看到的風景。客觀上，也是對「書店做大的祕密何在」問題的最好詮釋。

第二點比較簡單，即「委託販售制」，相當於中國書店的寄售制：新書店為了減少庫存風險，在一定的期限內（一般是半年以內）可向出版社退貨。但這個措施有利亦有弊，困擾書業已久的居高不下的退貨率（接近四成），被認為與此有直接的關係。

正是這種對文化產業的傾斜性保護措施，使日本的書店業迅速發展，蛋糕越做越大。如著名的紀伊國屋書店一九二七年在新宿創業時，從一個營業面積只有十八坪（一坪約三・三平方米）的二層小木樓起步，今天已成長為日本最具代表性的大型書店連鎖企業。東瀛最大的書店，號稱是大阪的紀伊國屋書店梅田店，日均接待五萬名書客。

好有文化

我說日本書店「好有文化」，基本上不是一個價值判斷，而是一種事實判斷。從店名、歷史，到店主、經營，都在為這種事實判斷提供依據。日本書店大多歷史悠久，店名都有明確的來歷，有些甚至來源於中國的經典。如上面提到的有鄰堂書店，店名源於孔子的「德不孤，必有鄰」；三省堂書店，則源於《論語》中的「吾日三省吾身」；著名的蔦屋書店（TSUTAYA），來源於江戶時代著名的「版元」（即出版商）蔦屋重三郎，正是他把寫樂、歌麿、馬琴等不世出的繪師推向了出版市場；一九六六年創業的淳久堂，在日本書店中歷史不算長，是老鋪菊屋（キクヤ）圖書販賣株式會社的創業者工藤淳把圖書部門委託給兒子工藤恭孝後獨立的結果。獨立之際，恭孝出於孝心，把父親的名字按西式習慣掉了個個，變成「淳・工藤」（ジュン・クドウ），後又根據發音，借用通假字，改稱「淳久堂」。

要想書店有文化，一個先決條件是老闆要有文化。如紀伊國屋書店的創業者田邊茂一，早年是著名的文藝青年，經營全權交給別人，自己醉心於文學創作和演劇運動，還發行過自己的唱片，在銀座的酒吧夜夜笙簫，被暱稱為「夜市長」。但正是這樣的書店老闆，才知道怎樣讓書店更具藝術範。新宿東口的紀伊國屋本店附設的頂層畫廊和小劇場，是戰後日本的文化地標之一，是小資男女們幽會的「熱穴」（Hot Spot）。

書店老闆，特別是舊書店主，有高度的文化修養，甚至是某個學術領域當仁不讓的專家的例證，簡直不勝枚舉，我自己就特愛讀舊書店主作家們的隨筆。如一九四四年出生的作家出久根達郎，至今仍在東京最小資的地界——中央線沿線高圓寺經營一間舊書店「芳雅堂」，邊開店，邊寫作，著述宏富不在話下，居然還是直木獎得主！

今年六月，我與友人去東京散心，參觀了一間新近開張的叫「攝影食堂」（寫真集食堂─めぐたま）的視覺系書店。書店位於東京黃金地段六本木使館區的核心地帶，是一幢木結構的二層小樓，經營者是著名攝影家、評論家飯澤耕太郎夫婦。說是書店，其實是餐吧，兼圖書館和主人的藝術工作室。我是飯澤的粉絲，對其著作多有收藏，剛好不久前知道他是長居北京的日本作家友人溫子小姐的朋友，便慕名前去拜訪。真是眼界大開：飯澤把全部數千部攝影集的收藏，統統拿出來，用於攝影愛好者借閱、研究（也有一部分可出售），其中不乏早已絕版的稀見本。我和北京的友人，加上一位東京的女建築師朋友，邊喝咖啡邊聊天，檢閱了一番平時斷難看到的寫真集珍藏，大飽眼福。臨走時，把剛從神保町的藝術系舊書店淘來的一本飯澤攝影評論集讓作者簽了名，詠而歸。

當然，僅靠傳統和店主有文化，尚難撐起整體的書店文化。即使再「高大上」的架構，也還需要細節磚瓦的填充、夯實。而東瀛書店，最不缺的，就是細節，簡直是細節控的天堂。隨便舉幾個例子吧：

——書皮文化。在日本的新書店購書，結帳時，店員肯定會問你需不需要包書皮。你只需答一個「請」字，或點一下頭，店員便會按你購買的冊數，從櫃檯下面抽出相應數量的包裝紙。一般來說，每個店家都備有幾種圖案的包裝紙，任顧客隨意挑選。這些包裝紙上除了印有書店的 Logo 外，並沒有多餘的廣告資訊，設計風格或素雅脫俗，或大膽前衛。但見女店員纖纖素手，翻來覆去，裁剪摺疊，三下兩下就把幾本書的書皮包好，然後分別插入店家的書簽，裝入手提塑膠袋中，用膠帶封好袋口。在雙手遞給顧客的同時，頷首鞠躬、致謝。

書皮文化，起源於大正時代，是日本特有的文化。藝術家竹久夢二早年也曾為髮妻他萬喜經營的精品屋設計過不少書皮包裝紙。除了書店免費提供的一次性紙書皮外，作為圖書的延伸性產品，書店附設的文具店（或文具賣場）還出售各種開本的非一次性書皮，從普通的塑膠材質，到純棉、純麻質地，仿皮、真皮製品，應有盡有。由於日本出版的高度標準化，每種開本的書皮，均可適用於同樣開本的所有書籍，本身就是一件工藝品。我自己便有人小三十二開、新書版、文庫版，塑膠、布面和真皮製的各種書皮。閱讀時（尤其是在公共場所閱讀時），包上書皮，一方面可保護書籍免受磨損，拿到舊書店處理時不掉價，另一方面也是一種對個人隱私的保護。因為在日人的觀念中，讀書跟吃飯、睡覺一樣，也是一種私行，未必想讓別人看見。君不見，早高峰的通勤電車上，鄰座那位西裝革履、專心捧讀的大叔，手裡用真皮書皮包著的文

蔦屋書店銀座店（上）、湘南店（下）。

庫本沒準是一本官能小說或色情漫畫，也未可知。

——作家書架。很多書店在人文書的賣場設有「作家書架」：打亂通常的按出版社、作者或不同叢書的常規分類，由一位或幾位作家、學者按自己的個人趣味重新分類，碼垛，或整理幾個書架，並定期更換。如京都的著名書店惠文社一乘寺店，店堂內清一色古董家俬，不大像個書店，但到處是書和雜誌，且高度混搭，文庫本、雜誌與漫畫，不論開本，愛誰誰。但仔細一看會發現，所有書刊，被分成了幾大類：食、貓、酒、建築、乙女、時間……不用說，如此個性化的分類，也是作家的功課。

這方面，走得最遠的，是淳久堂書店的池袋總店。這家店對人文書的個性化口味，已不滿足於普通的「作家書架」或「作家角」，二〇〇三年，開始導入「作家書店」制度：與名作家、名學者、名記者簽約，期限為半年。簽約作家不僅駐店，且擔任店長，實操營業。在七層賣場，特設一個空間，以作家的名字命名，作為「作家書店」向書客開放。期間銷售由作家親自遴選的五百種書籍，並舉辦各種文化活動，至今已迎來了第二十位作家——翻譯家柴田元幸。今年八月

日本人文書店免費提供的Book Cover。

三十一日，剛剛在七層的「柴田元幸書店」舉行了一場關於馬克・吐溫的文學講座。

——自己「出版」。你可以想像用喝一小杯咖啡的功夫出版一本書嗎？這不是SF小說中的情節，而是現實。四年前，神保町的三省堂本店引進了一台設備，名字就叫「意式特濃印刷機」（EMB: Espresso Book Machine）。當然，這台設備是美國進口的舶來品。那些絕版多年，在坊間已難覓芳蹤的稀見本；鍾情文字，卻與出版無緣者的回憶錄等著述；一本書內容甚好，但裝幀設計俗惡無比，難以忍受，想自己重新做一本取而代之……凡此種種，正是這間「特濃」作坊的潛在客戶。你只需提供固定格式的電子文檔，通過店中與國家版權機構聯網的專用系統確認有無著作權侵害問題（即使有，亦可通過交付版權使用費等形式通融解決），如無虞，便可開機印刷了。你可以從功能表中選擇中意的版式，包括書封，連版權頁都能實現個性化設計。至於價格，不同的內容資料提供方有相當差距。講談社出版物的話，大體是B6版，二百頁，一千日元。據三省堂負責人透露，「未來的目標是：庫存斷貨的書，都可以在店頭即時印製」。

——防雨措施。一次，我在新宿的紀伊國屋書店購書，在收銀台交款時，一位英俊的店員按通常的操作麻利地結帳、包書皮、裝袋。把書遞給我之前，微笑著問我：外面好像下小雨了，我給您做一個防雨處理吧？說著，並不等我回答，便從櫃檯裡抽出一只透明塑膠袋。那塑膠袋明顯已經做過標準化的加工，底部中間開了一個口，寬度剛好與書店的手提紙袋的提手一樣寬。店員把塑膠袋反過來一套，便給我手提袋穿上了「雨衣」，只露出兩只提手。那天我有明確的目標，且買完書還有其它安排，並未戀棧，充其量也就耽擱了十來分鐘的工夫，而我進店時並未下雨——可店員怎麼知道外面下小雨了呢？

後來，我無意中跟李長聲老師說起這個故事，長聲老師告訴我，下雨時，書店裡播放的背景音樂會切換到一個特定的曲目，店員一聽，就知道下雨了，便要為客人做好防雨措施。我和我的小伙伴當時就驚呆了……這，也忒細節主義了吧？

有句話叫「細節決定成敗」，好像說的也是日本，但我總覺得有點陳詞濫調，並不以為然。不過，你卻不得不承認，細節主義，的確是東瀛書店業的靈魂。

2 從「青木真理子現象」看書香社會

整整三十年前，一位名叫青木真理子的二十九歲OL投書著名的書評刊物《書的雜誌》，大膽表達了自己的困惑，求解答：

不知為什麼，我只要一待在書店裡，時間稍長，就頓生便意。無論是捧讀三島由紀夫那種高格調的文藝書，還是站著讀高橋春男的漫畫，便意會突然無情襲來。此乃兩三年前開始的現象，至今原因不明。

在自己的身體呈如此變化之前，一位閨蜜也曾對我傾訴過同樣的症狀。當時我還感到有些匪夷所思：「咦？為什麼？好奇怪！」不承想，後來我們竟同病相憐。

難道說是因為長時間聞著新書的氣味兒，就跟森林浴似的，細胞作用被啟動，促進了排便活動嗎？或者說，是由於眼睛追著書脊看，酷使大腦，而使消化亢進的緣故？不知道！請有以教我。

此信在《書的雜誌》一九八五年四月號上發表後，引發了炸鍋一般的效應：電台、電視台、報紙跟進，推波助瀾；大量的讀者來電、來信，訴諸類似症狀，尋求答案，編輯部超負荷運轉，疲於應對……儼然成了一個公共事件。彼時，尚不是網路時代，但在大眾傳媒的造勢下，事件迅速升溫，引發了包括內科學、消化醫學、腦科學、精神病學等眾多學科的專門家參與的一場曠日持久的大討論。青木真理子的症狀，被稱為「青木真理子症候群」（Mariko Syndrome），有類似臨床症狀者，被稱為「書便派」。眾專家從各自的學術視野出發，提出了五花八門的病理學成因，如「紙張過敏」、「書籍彩頁的油墨味道刺激了腸的蠕動」、「讀書時的條件反射，副交感神經被啟動」等等。甚至有人懷疑是造紙業界的「陰謀」：在圖書用紙中混入了類似瀉藥成分的化學物質，旨在促進廁紙消費。結果也未得出像樣的結論，不了了之。但通過討論，明確的一點是：此症非恙，似乎也無須治療。對此，青木自己雖然不明就裡，卻也並沒有「不明覺厲」，而是接受現實，並「順水推舟」。她在信中寫道：

最近，我開始利用起這個現象。只要稍有便秘的徵兆，我會在喝了夜酒的翌日早晨，去書店。可是，即使計畫「成功」，街上的小書店裡也沒有廁所。所以，我為了去離書店十幾米開外的車站內的廁所，從不忘攜帶月票和手紙。

二十八年後的二〇一三年，《書的雜誌》舊話重提，派出記者找到了青木真理子其人。曾幾何時二十九歲的未婚ＯＬ，已變身為五十七歲的兩個孩子的母親。她坦言體質並未因生產而改變，症狀也未能自然治癒，至今仍保持著每天讀書，並定期去書店的積習。

回過頭來看，「青木真理子現象」是一個隱喻，折射了書香社會的「中毒」症狀。在日本，諸如此類的「都市傳說」其實頗夥。如我愛讀的一本反映東瀛書店文化的漫畫作品《雲竹書店》中，書店偵探男雲竹雄三在海外的一家書店中頻密邂逅一位氣質優雅而高冷的東洋美女（雲竹優子），每每想搭訕，卻始終未敢造次。一次，話語投機之餘，終於鼓起勇氣，試探性地向對方發出了飯局邀請，卻遭到了拒絕：「對不起，我已經結婚了。雖然如今是分居狀態……」就在雄三吃驚、發怔的當兒，高冷的優子居然找補了一句：「想知道分居的理由嗎？」並不等雄三回答，便自言自語道：「因為，他竟然先於我而讀了我買來的新書！」於是，富於識見的書店偵探當場頓悟：原來，雲竹優子是一個視比任何人都能率先讀到自己喜愛的書為人生意義的女性。雖說是漫畫中的虛構人物，但沒人懷疑其在真實社會中的實存性。從青木真理子到雲竹優子，「中毒」症狀不僅未輕減，反而加劇了。

日本有句古話，譯成中文，大意是「歌隨世變，世隨歌移」[1]。歌如此，書亦如是。每個時代，有那個時代的暢銷書，而寫在書中的文化和輿論，又反過來影響著世相，改變著時代。從戰前到戰後，出版和傳媒機構對那些深刻影響國民閱讀的暢銷書及其發行資料都有精密的統計。如一九四七年度的暢銷書《愛情就像從天而降的星星》[2]，是前《朝日新聞》記者、駐中國特派員尾崎秀實在獄中致妻子的書信集，當選的理由是「對妻子傾注的無限愛情」。要知道，僅在兩年前，尾崎秀實因「佐爾格事件」的牽涉被治以叛

1 原文為「歌は世につれ、世は歌につれ」。

2 即「愛情はふる星のごとく」。

國罪，並處極刑，是如假包換的「賣國賊」，兩年後卻成了萬人爭讀的反戰英雄……歷史何其諷刺。

一九五六年，通產省在《經濟白皮書》中打出了「已然不是戰後」[3]的口號，宣告了戰後復興的結束和高增長時代的開始。國民在經濟轉型的道路上，對太平洋戰爭末期動盪的「滿洲」，投去最後深情的一瞥，成了五味川純平的長篇處女作《人間的條件》榮登一九五八年度第一暢銷書的理由。一九七四年，剛從一年前的「石油危機」的震盪中醒過悶兒來的國民，爭相閱讀小松左京的社會幻想名著《日本沉沒》，悲涼之霧，遍披列島。一九九〇年，石原慎太郎、盛田昭夫合著的《日本可以說不》[4]，代表了日人在「泡沫經濟」時代牛氣沖天的自信，如今想來，恍如隔世……對一個書香社會而言，沒有比暢銷書更能折射世相、更能為時代背書的有效指標了。

因此，無論是「出版大崩潰」、紙質書「冰河期」，還是數位出版的「逆襲」，我個人一向不擔心東瀛書業難以為繼。只要對這個書香社會的歷史、規模及其偏執的氣質多少有所瞭解，便能理解閱讀形態盡可變化、升級，但閱讀本身永遠不會消亡。你絕對無法想像，手不釋卷的青木真理子、雲竹優子們，告別書籍「森林浴」時的落寞及無法在他人之前先睹為快時的憤懣。那個社會，正是由無數青木和雲竹們構成的。而她（他）們，是一群深度的「癮君子」。

每個時代，有那個時代的暢銷書，而寫在書中的文化和輿論，又反過來影響著時代。

3 語出通產省發行的《經濟白皮書》（一九五六）：「もはや戦後ではない。」

4 即《「NO」と言える日本》。

3 一個街區，頂好有兩家書店

每次去京都，在酒店匆匆撂下行李，只要還沒到店家打烊時分，我一準會直奔一乘寺。因為，那兒有我可心的兩家書肆：惠文社一乘寺店和萩書房。從京都站，乘京阪電車在出柳町下車，再換乘開往比叡山方向、只有一節車廂的叡山電車，三站地就到一乘寺。但我更喜歡乘巴士前往。

一乘寺位於京都東北部的左京區，在地理上其實有點偏。這也反映在車資上：京都的巴士有五百日元一張的一日通票，但劃定了適用範圍，出了範圍的話，則須支付差額。而一乘寺在適用範圍之外，因此，我每每乘巴士殺過去，下車時都要在通票之外，再支付一百六十日元的差額。「偏安」是其一；其二是與河原町、祇園、先斗町等地界相比，一乘寺似乎不那麼「京都」，倒有些像是東京的町鎮。實際上，毗鄰京都造形藝術大學、京都精華大學和京都工藝纖維大學，離京都大學也不遠，叡電裡和路上，背著電吉他、大提琴和大畫夾的長髮藝青碰鼻子碰眼，有種東京文京

萩書房雖不起眼，卻是一家堪稱 Vintage 的書店。

區本鄉、小石川一帶的既視感。

乘從京都站發車的五路巴士，在一乘寺下松站下車。下車後往前走幾步，在京都中央信用金庫的街角右折，然後沿著曼殊院道一直朝西走，過了叡電的岔道口，再直行百十來米，右手是一家舊書店：萩書房。門臉很小，像其它舊書店一樣，屋簷下擺著賤賣的百元均一本。進得門來，卻別有城府，頗令人驚豔。據我的粗略掃描，店藏大致可分四類：一是京都文化，包括中京、近畿地方的民俗、掌故；二是出版文化，包括雜誌文化和舊書店文化；三是演劇、電影，包括名導演、大明星的回憶錄和老電影海報等；四是性文化。其中，二至四，都是我極「感冒」的分野，尤其是第四——你懂的。

日本不乏性主題的舊書店，有的極其「專業」，店藏多用透明塑膠紙或硫酸紙密封，顯得神祕兮兮。但萩書房的性書籍，明顯偏學術，且一律公開，鮮有密封者。近幾年，我在這家店淘過不少舊書，無一不是在坊間難露崢嶸的奇貨。譬如，《AV這種工作》[1]（圖文版），是一部AV前史。說是前史，但因時間上涵蓋了從八〇年代（昭和末期）到九〇年代中後期（平成早期），剛好與模擬技術（以錄影帶為媒介）時代重合，毋寧說整個是一部AV隆盛史——AV業，在數碼技術（以DVD為媒介）時代的今天，已極盛而衰是一個常識判斷。兩位作者，一位是廣告公司出身的攝影師（高橋景一），另一位是官能小說家出身的AV片編導，以極富臨場感的文字，談了AV拍攝現場的台前幕後，曝了很多馬賽克背後的祕辛和業界的潛規，有猛料，有噱頭，有悲情，有無奈，調子很虛無。高橋景一在跋文中如此寫道：

> 與泡沫（經濟）的崩潰同步，AV已然不是充滿生猛的時代，AV製作者們也已不復初期的活力。大家都在「熟練」的名下，漸次老去。明天的AV，你快登場吧——我在這樣的祈願中擱筆。

《AV產業——一兆日元市場的構造》[2]，是女

1 《アダルトという仕事》，奥出哲雄（文），高橋景一（寫真），太田出版社、平成七年十月四日初版。

2 《AV產業——一兆円市場のメカニズム》，井上節子著，新評論出版社，二〇〇二年九月三十日初版。

作家井上節子的文化社會學田野調查報告，系統考察了AV產業的方方面面。井上的觀點建基於一種很有趣的「建設性」立場：AV除了娛樂屬性，還具有教化功能。正如思想家、精神分析學者岸田秀所指出的那樣，現代「人是本能壞掉的動物」，從這個意義上，如果人真的需要根據各種性資訊來掌握性慾與性行為的正常方式的話，那麼AV的影響便是不可估量的。她甚至認為「性慾並非本能」，「而是人自身在成長的社會環境中逐漸養成的」。且越是年輕時習得的關於性的知識，越容易變成自己的東西。換句話說，相當程度上，性慾也是「規訓」的產物。而這一點，有時會導致令人哭笑不得的結果。如在調查採訪過程中，一位曾短暫染指AV業的二十來歲青年向她訴苦，說他在與女友第一次做愛時，抱著取悅對方的心態，大膽挑戰「顏射」，卻被對方給蹬了，令井上作家痛感資訊化社會中「資訊在本質上的貧瘠」。

《Porno解讀辭典》[3]，是一本工具書，其副標題是「為了馬上閱讀那本進口洋書」——指的當然是

3 《ポルノ解読辭典》，ペンタングル編，波書房，一九七一年八月二十日初版。

便利店裡的成人刊物。

英文書。也許是逃避法律規制的緣故，這本辭書沒有序跋，編者署名是六〇年代很出名的一支英國民謠樂隊的名字「Pentangle」，但多半是假託的。不過，雖然版權記載資訊惜墨如金，但書本身確是好書，包括國會圖書館在內，日本的大型公立圖書館均有收藏。作為一部辭典，按英文二十六個字母排序，共二五五頁，容量不算小。日文解釋並英文例句，相當實用，體例也很體貼，易查易檢索。尤其難能可貴的是，單色銅版插圖甚是精美，封面和封底設計極其洋範兒，透著一抹情色的神祕。我本能地以為是已故鬼才藝術家、裝幀設計師金子國義的設計，但細看才發現，出自一位並不出名的女性設計師之手（鈴木淑子）。印在前勒口上、帶有全書解題性質的對「Pornography」的解釋這樣寫道：

> Pornography語源為希臘語的「Pornographos」（指娼妓所寫的文字）。用日本語來說，即「好色本」、「春本・春畫」、「枕繪」一類的讀物，今指稱那些拍攝、描寫性行為的攝影、雜誌、小說等出版物（略稱為「Porno」）。這類出版物，在瑞典、美國、丹麥等國，可公開販售。在我國，進口的Porno小說，簡裝本的話，大約一冊五、六百日元。

在筆者看來，在介紹歐美Porno文化的同時，摟草打兔子，兜售一番東洋風俗卻如此「低姿態」，也是過謙了。可在日人看來，本土的Porno產品與歐美貨確實存在一定的差距，這種差距與其說是品質上的，不如說是文化上的，本質上代表了不同的審美。而最大的鴻溝，毋庸諱言——是有馬和無馬的問題。

萩書房是一家族企業，共有兩家店。本社位於烏丸通上的御靈前町，是老子在經營。我常去的一乘寺店，其實是子會社，由倆兒子經營。我有時問起御靈前町店的情況，哥倆都會據實相告：「老爺子那頭主要是一些流行漫畫和通俗讀本，基本是行貨。像先生您常買的這些vintage（上檔次）的書，那邊是沒有的，只怕您去了會失望。」其實，御靈前町店離我常住的烏丸通上的酒店只有一箭之遙，蹓躂過去並不比去趟便利店更費事。但哥倆既然都這樣說，我也不想讓自個失望，也就樂得省心了。

出了萩書房，繼續朝前走人約三百米，馬路對過就是惠文社一乘寺店。乍一看，泛舊的房子、暖黃色的門燈，窗下擺著幾只木凳和長椅，無論如何不像是一間專營 vintage 圖書的書店。然而，這確是一家聞名遐邇的獨立人文書店。關於這家「好文藝」的書店，我在拙著《東京文藝散策》中，曾頗費筆墨，談過不少經營「祕笈」，今天且談點別的。

惠文社書店創業於一九七五年，在京都市內有三家店，分別在西大路、bambio 和一乘寺。其中名聲在外、被視為小資據點的，其實是一乘寺店。一九八二年開業的一乘寺店，早期也經歷過各種各樣的試錯。經營轉型的一個關鍵人物，是前店長堀部篤史。文青出身的堀部，學生時代就在一乘寺店打工，直到二○○四年成為店長。正是在堀部的主導下，一乘寺店從一家單純的新刊書店，發展到今天由實體店、精品店、畫廊（咖啡）和網店構成的立體化行銷網，成為京都的一張名片。作為實體店，以新書為主，兼顧舊書。舊書品種雖不多，可不乏奇貨。記得去年淘到一套平凡社 MOOK 系列「太陽別冊」中的《發禁本》（Ⅰ、Ⅱ），網羅了從戰前到戰後，從明治期直到平成年代，因政治和法律等原因，遭禁止發行處分的書

京都的惠文社一乘寺店的書店外觀。

籍及其幕後。近二十年前的出版物，且關涉情色本甚夥，在坊間一冊難求。

我在這家店淘舊書不算多，但新書不少。按理說新刊書店我沒少逛，隨逛隨買，目標應不至於剩太多。但每次來一乘寺店，卻必有斬獲。個中原因，與其說是貨多，不如說是稀罕貨多。這家書店的碼垛排架之用心、獨特，在業界是出名的。無論你自信對出版市場多麼熟悉，在這兒準能有意外發現。一些多年前少量發行、坊間早已難覓芳蹤的稀本，甚或是限定版珍本，常靜靜地躺在店堂的某個角落裡，令書客平生時光倒流、歲月靜好的錯愕和感喟。近兩年來，我個人有過兩次印象至深的訪書經驗，均與作者的辭世有關：一是當代藝術大家赤瀨川原平，二是著名的左派學者鶴見俊輔。我差不多都是在訃聞發表後的第二天或第三天去的書店。在靠裡面的一張小書桌上，突然發現立著一張逝者的照片，旁邊擺著相關書籍，絕大部分是作者的著作，也有些是同時代人或弟子談論作者及其作品或思想的書籍，做成了一個紀念Corner，其速度之快，搜羅之全，令我吃驚。如此追蹤新聞，卻又不同於媒體，既保有時效性，又低調、用心的做法，怕是大書店難以複製的。

惠文社一乘寺店名聲在外，店長堀部篤史也很有名，常見他在各種文化、出版誌上縱論書業，也出版過兩種談文化書店的小冊子。因我常常晚間殺過去，先看過萩書房，再到惠文社，每次差不多都是關門前三、四十分鐘的樣子進店，泡到打烊，且多半是堀部當班。直到他辭職創業，我沒跟他正式交流過。但見我每次買很多書，他會一一為我包上店裡的Book Cover，再把書放進兩只套在一起的手提紙袋中。有時我會問他一些小問題，他也會禮貌地作答。卻並不多說一句話，臉上帶著一種高冷的表情。我知道，這也是典型的「京都子」的做派，令彼此間有種合理的距離感——保護膜。

不久，就聽說堀部辭職，創辦了一間自己的人文書店——誠光社。於是，我在京都又多了個去處。誠光社位於市中心的河原町丸太町，雖然隱藏在河原町通東側的巷子裡，但很好找。門臉很小，小小的長方形看板，立在門口的地上。進得門來，四周和店中央，立著原木未著油漆的書架，還泛著清新的松香味，提醒書客：這是一間新開張的書店。照例還是新舊書兼

京都的惠文社一乘寺店是一家著名的小資書店。

惠文堂書店店長堀部篤史辭職後，創辦了一間自己的書店誠光社，頗受注目。

營模式，但書比一乘寺店要少，分類上更加收攏，基本聚焦於流行文學、藝術、亞文化、攝影、設計、手工、出版文化等幾個部類。看得出來，無論是書店的格調，包括背景音樂，還是書客的構成，都與惠文社相彷彿，也可以說是「堀部調」吧。

選了六種書（斥資一萬九百零八日元），其中包括兩本堀部篤史的小冊子，然後去裡屋的櫃檯結帳，櫃檯前剛好坐著堀部老闆，他也認出了我。我對新店開張表示祝賀，並簡單談了幾句自己初次探訪的觀感，然後請他在自己的書上簽了名。堀部老闆照例面帶高冷的表情，客氣地謝過，然後在我買的每本書裡，都額外多夾了幾枚書籤。

在誠光社的重要斬獲，一是攝影家篠山紀信的攝影手記《攝影就是戰爭——來自現場的戰報》[4]，另一本是《情色本的黃金時代》[5]。與AV文化一樣，八〇年代也是雜誌文化的全盛期，而其中的一個重要面向即情色本。是耶非耶，離開它，晚近三十年後現代文化的發酵便無從談起。《藝術的預言！！——六〇年代激進主義文化的軌跡》[6]，是一部來自前衛藝術現場的、關於六〇年代左翼社運（「安保」運動）的田野報告。單看那一長串作者名，我便斷定此書非擁有不可：荒木經惟、赤瀨川原平、寺山修司、橫尾忠則、大島渚、中平卓馬、高松次郎……我喜愛的文化學者四方田犬彥在序文中如此寫道：

一九六八年，是地獄的大鍋開了口子，此前在地下不得不保持緘默的牛鬼蛇神們一齊浮出地表，開始了猖獗跋扈的年份。

如此為「一九六八」定義，可真夠另類的。

《文士風狂錄》，是作家青山光二的文學回憶錄。太宰治生前最著名的照相，是攝影家林忠彥於銀座的著名夜店「Bar Lupin」拍攝的一幀作家喝酒時的照片：

4 《寫真は戦争だ！——現場からの戦況報告》，篠山紀信著，フォトプラネット社，一九九八年六月二十五日初版。

5 《エロ本黄金時代》，本橋信宏、東良美季著，河出書房新社，二〇一五年十一月三十日初版。

6 《「芸術」の予言！！——六〇年代ラディカル・カルチャアの軌跡》，藪崎今日子編集，株式會社フィルムアート社，二〇〇九年五月二十五日初版。

吧檯旁邊的高腳凳兩只並在一起，無賴派作家在上面盤腿而坐，面帶一副一看就是喝高了的「無賴」表情，斜眼看著鏡頭。而當時，青山光二就坐在同一張吧檯的一角，邊啜著加冰威士卡，邊看著太宰治撒嬌。這本書是那種寫在昭和文學史邊上的書，但卻是不可或缺的一冊！

因我在北京居住的巨型社區，沒有靠譜的書店。所以我常琢磨的一個問題是：一個街區，到底需要幾家書店？答案當然不是唯一的。像神保町那樣，動輒一百多家店，委實也難招架，常泡的，不過是幾家而已。即使像早稻田、本鄉似的，三、四十家的話，其實也還是嫌多——沒有比逛書肆更殺時間的事了。對我個人來說，一家也是好的，但頂好是有兩家，一家新書店，一家舊書店。一乘寺正是這樣的地界，因為有惠文社和萩書房；丸太町也是這等理想的居所：因為有誠光社和僅隔一條小馬路的今村書店，也是一新一舊。也巧了，一些我熟悉的東京街區，如澀谷，如池袋的東口和西口，基本也都是一新一舊的構成，從一家出來，剛好去另一家。如此說來，京西的成府路也算是差強人意之所，好歹有萬聖書園和馬路對過的

豆瓣書店——帝都的文化人，「詩意地棲居」，可乎？

（原文發表於《上海書評》二〇一六年四月三日號，此為完整的修改版）

萬聖書園斜對過的豆瓣書店。

深夜的北京萬聖書園及其附設的醒客（Thinker）咖啡。惜乎，萬聖對面的舊書店豆瓣書店卻已經消失了。

Tokyo

附錄

我的「書天堂」——
那些逝去的好書店

如果說，魯迅話語中的「失掉的好地獄」，表達了一種對虛無主義哲學的反諷——根本就無所謂「好地獄」，更無所謂「失掉」——的話，那麼「逝去的好天堂」，大約還是有的。「天堂」者，因人而異，從夢中歸省的故土，到逝去的親人、愛情，甚至一套得而復失的豪宅，不一而足。對我來說，「天堂」是那些不再的好書店。

把書店比作「天堂」，從來就有，近如台灣作家鍾芳玲的《書天堂》，乃至這種比喻多少有那麼一點「陳詞濫調」的意味。但，沒法子，我確實找不出比「天堂」更合適的說法了。在小資的心目中，書咖啡（Book Cáfe）或許是與「天堂」想像更接近的所在，這我也同意。國外的不說，僅北京的老書蟲、庫布里克，就近乎這等存在，遑論成府路改造前，由台灣電影青年創業、與老萬聖比鄰而居的「雕刻時光」。但書咖啡的核心元素，還是書。離了書，那就成星巴克了。所以，真正的「天堂」，還是書店。彌爾頓說：「唯一真實的樂園是失去的樂園。」從這個意義上說，尚未失去的「天堂」，還不是真「天堂」。以如此苛刻的標準衡量下來，能稱得上「天堂」的書店，怕也所剩無幾了。

帝都雖然擁有全國最多的書店，但倘以「天堂觀」評價的話，合乎標準者還真不多。上世紀九〇年代末期，到二十一世紀之初，北京高檔購物中心屈指可數，燕莎商城是其中之翹楚，沒有之一。但請君莫誤會——購物中心既與我無關，亦非本文的主旨，我說的是書店。是的，燕莎商城的賣場從一層到五層，內部辦公區在六層，而辦公區的旁邊，有過一家書店。沒有店幌，我稱之為「燕莎書店」。賣場不算大，但也不小，總有四、五百平米的樣子。書架是實木打製的，很結實的感覺，書的「碼垛」也很專業。這家書店裡雜七雜八的書其實並不少，我也買過一些，但對我的意義，基本只限於一點：這是一家藝術書店，而且貨色以進口原版圖書、畫冊為主。這在那個時代，是稀缺資源。

幾年下來，我應該在那裡買過不下萬元的書，大多是外版畫冊、攝影集和藝術理論書籍。如科隆路德維希博物館（Museum Ludwig Cologne）藏二十世紀攝影作品、美國著名攝影博物館喬治・伊斯曼之家（George Eastman House）所藏攝影集，均為德國塔申（TASCHEN）社出版的英文版攝影集，前者出版於一九九六年，後者出版於一九九九年。兩種攝影集同樣開本（大三十二開），厚度均在七、八百頁，應是一套叢書，分別按各自的線索和體例，網羅了從攝影術發明至二十世紀末、留名攝影史的絕大部分作品（當然主要是西方的）。如喬治・伊斯曼之家那本中，甚至收錄了當時作為《紐約時報》攝影記者的劉香成攝於一九八九年夏天北京街頭的照片。

另一本塔申版（二〇〇五年）的藝術書是厚達五七五頁的人體攝影集 *1000 Nudes–A History of Erotic Photography from 1839-1939*。唯其以「Erotic」（情色）為編輯定位，才不失為一部妙書——你懂的。可惜全書除了序言是英文的，正文中的說明文字統統是法文，有時為檢索一幅作品的資料，不通法文的筆者幾欲撓牆。

德國 Könemann 社一九九九年出版的名人肖像攝影集（PORTRAITS），八開，四一六頁，收錄各國名人黑白肖像攝影共二百幀，一律按左頁生平、右頁肖像的體例編排，書後附有全部人名的資料檢索，按英文字母排序。這本書對我的意義之大，無論怎麼說都不過分。許多歷史人物，我是先讀其文（傳記、著作或畫作），後睹其人（容）的，如墨西哥女藝術家弗里達・卡洛（Frida Kahlo），如太平洋戰爭中日本對美「戰略放送」的英文女播音員、被稱為「東京玫瑰」（Tokyo Rose）的戶栗鬱子等。而且，這本圖冊所選擇的肖像頗具匠心，很多並不是常常見諸大眾媒體的圖片，有些頗另類，如毛澤東、瑪麗蓮・夢露、麥當娜、裕仁、戈巴契夫等，都是我此前從未見過的攝影。更何況，那肖像攝影不是一般的大，清一色A3尺幅！有多過癮，可想而知。這本書連樣品帶庫存，僅有兩本，都被我拿下，其中一本作為視覺資料，轉賣給了我當時寫藝術評論專欄的《視覺21》雜誌編輯部，書價我現在都記得清清楚楚：三百三十元（應該是打了八或八五折後的價格）。唯一的「美中不足」，仍然是——法語版！

作為燕莎商城裡的書店，購物環境之溫馨自不在話下，可僅這一點的話，並不符合我對「天堂」的全部想像。對我來說，每次抱著心愛的圖冊出來，乘直梯下到一層，再輕車熟路地穿過淑女首飾、箱包的賣場，從商城後門進入凱賓斯基飯店，徑直走到大堂西側的咖啡酒廊，點一杯現磨經典咖啡，然後邊受用芳醇的咖啡泡沫，便摩挲那些外版圖冊，才是「天堂」時光。上班的地方，就在馬路斜對過的寫字樓裡，我基本不必在意時間。乃至多年後的今天，我對那些圖冊的記憶，總伴隨著凱賓斯基咖啡的香味，不知道這算不算是「通感」？

因工作關係，我一度淨往上海、長沙和瀋陽跑。尤其是長沙，飛了即使沒一百五十次，總有百來次。到上海，自然不能不去季風書店。陝西南路地鐵站內的總店，沒少去，也沒少買。不過我知道，那裡幾乎所有的書，北京的萬聖書園裡都有，但該買還是得買，權當對獨立書店的支持。彼時，靜安廣場附近有一家季風分店，叫「季風藝術書店」。店堂不大，但有兩層，靠近收銀台的地方，螺旋形的樓梯通向樓上。我至今記得店裡的地面是深褐色實木地板，跟寒舍的差不多。午後三時左右過去，從二樓窗戶射進來的陽光打在地板上，人走在上面，吱呀作響，腳感很舒服。也許就因為環境過於「治癒」了，多年後，對買過哪些書，竟淡忘了，只記得買過一本顧錚的《人體攝影150年》和幾種《藝術世界》雜誌的過刊。我那時正為《藝術世界》寫現代藝術專欄，突然發現那麼多過刊，且幾乎是全新的，很是亢奮。

我在上海買書，無論是陝西南路的季風總店，還是靜安寺的藝術分店，抑或是福州路上的老書肆，一般不會太戀棧。斂了書，乘計程車去紹興路爾冬強開的書咖啡「漢源書店」，或直奔衡山路，坐在「時光倒流」或「一九三一」的靠窗的座位上，一杯熱咖啡在手，把剛買的新書一一攤在桌上，摩挲一過，才感覺「程式」接近完成。是的，必須是紹興路或衡山路，而不是後來名聲在外、牛逼哄哄的小資聖地新天地。

我去長沙的次數既多，跨度也長，從上世紀九〇年代中期起，到二〇〇五年前後，親眼見證了這個中南部省會城市在開發狂潮中的「變容」。我一般住在市中心的華天大酒店。記得早年，酒店對過的報亭裡，報刊種類明顯比北京少，每週四出版的《南方週末》總要到週五傍晚才能見到。出酒店往東不出二百米，是一條屠宰街，雞鴨豬狗，當場屠宰，滿街腥穢，一地雞毛的感覺。但道路拓寬，商鋪櫛比，綠地環繞，街樹整飭，彷彿是一夜間的「豹變」。能讀到當天發行的《南週》、大道通衢固然好，可想到隨「雞零狗碎」一起消失的，還有獨立書店，這代價就未免令人扼腕了。

在五一路與韶山北路交叉口的西南角，過去曾有一家「世界名著書店」。聽這赤裸裸的文青範兒的店名，想必就能預知其命運。果不其然，七、八年前，當我再次乘計程車從那兒經過，正準備下車時，突然發現店面似乎豁亮了不少。細看之下，原先宋體字的店幌改成了中國移動門市部的藍色招牌。當然這也沒啥可感傷的，畢竟我已經過了大量閱讀文學名著的時期。但我很懷念裡面一位端莊挺秀的中年女店員，操一口湘人少有的標準普通話。我在那兒買得最多的，是人文社精裝系列「世界文學名著文庫」中的補缺，記得有阿・托爾斯泰的《苦難歷程》和豐子愷譯《源氏物語》等。現在補缺，只需登錄網店，輕點滑鼠，唾手可得。但那會兒，除了在同類書店中留心踅摸，還真沒別的法子。而有些多年前的舊版書，京城書店早已脫銷，但外埠的書店中，卻往往有批量庫存——這也算是個人微不足道的經驗之談吧。

與這家書店大掉角，往南直行三、四站地的人民中路上有個長沙電影城，電影城的旁邊有一家「藝術書店」。我沒確認過，但從進書的趣味看，八成與藝術家兼出版人陳侗有關。這家店我先後去過五、六次，但購書其實有限，記得的只有幾種現代藝術理論書籍，如《現代美術歷程100問》（王林主編，四川美術出版社二〇〇〇年七月版）、《陣中叫陣》（李小山著，江蘇美術出版社二〇〇一年八月版）、《國際當代藝術家訪談錄》（常寧生主編，江蘇美術出版社二〇〇二年十月版）等。

長沙的書店中，我頂熟悉的，要算是位於解放西路的定王台圖書批發城，離我住的華天大酒店只有一箭之遙。按說圖批市場之類，我應該沒什麼興趣。長居帝都，號稱全國第一的甜水園書城，我只去過一次，還是順道探訪。但不知為什麼，對定王台書城卻情有獨鍾，先後去了總不下四、五十次吧。既是批發市場，書城裡有相關出版社的展位，有的是正經的「店中店」，有的則是幾個櫃檯，但京、滬、寧的主流出版社均設有行銷點。我常逛的有三聯、商務、東方、江蘇人民、嶽麓、湖（南）美（術）等幾家。因是常客，且每每「大宗認購」，遂與一些出版社的攤主混成了熟臉。對看上的書，我只要說個價，他們一般不大還價。當然，前提是自個也要相對瞭解書業行情，同時給店主留出合理的利潤空間。

說到我在定王台的斬獲，當首推兩套大書：一是浙江攝影出版社出版的《攝影家》系列。這套由台灣攝影家阮義忠先生策劃、直接引進台版的攝影集叢，原計畫出五十八輯，是一個野心勃勃的藝術出版工程。但最後只出了十輯便戛然而止。從一九九九年四月到二〇〇二年四月，歷時三年。每輯一四〇頁，只印一千五百冊，定價一百三十五元。全銅版紙精印的海外版權攝影集叢，如此規模，品質如此齊整，此前和此後，均未得見，其價值是不言而喻的。至今猶記得我把十輯《攝影家》精心包裝後，放在公文箱裡，不付託運，親自背回家時的滿足感。與此同時，還有翌日始發作，持續了一週之久的背痛。二是中國大百科版《不列顛百科全書》（國際中文版），真皮面精裝，二十卷，定價二千二百元（一九九九年四月第一版，二〇〇〇年一月第三刷）。這套直接讓老闆託運至北京西站，然後安排家人去提的貨。

當時未必有感覺，但回過頭來看，不得不承認，上世紀九〇年代末到二十一世紀初年，所謂「胡溫新政」前夕，確實堪稱中國出版的黃金時代，意識形態的壓力是最小的。嶽麓書店、湖美等地方出版社勢頭正猛，好書目不暇給。那時資訊不如現在發達，有些書在北京坊間錯過了，到定王台一看，卻安靜地躺在某出版社「店中店」的書台上，得來全不費工夫（如湖美版溫普林的《江湖飄》，好像只出了上卷；如嶽麓版唐德剛的《晚清七十年》、《蔣廷黻回憶錄》等）。值得一提的，是定王台書城的邊上有家名曰「弘道」的獨立書店。每次拎著大包小包從書城出來，總不忘順道進去轉一圈。書店很小，進門三面牆是書架，中間一個書台，但卻有很多如《書屋》、《東方》、《方法》等在知識界頗有人氣的文化、學術刊物的過刊。記得我就是在那兒，配齊了《書屋》雜誌從創刊號到早年缺省的全部舊刊。

對瀋陽的書店，其實我並不很瞭解，也沒有太大的興趣。但個人頻密赴瀋的時期，剛好是出版家俞曉群主政遼寧教育出版社的時期，沈昌文、俞曉群、陸灝聯手打造的遼版書小資味十足，風靡全國。我到瀋陽多住在商貿酒店，從酒店過馬路往南走不遠的巷子裡，就是遼教社的讀者服務部。自從發現了那爿小店

之後，我的行李便陡然增重。那幾年裡，從《古希臘風化史》、《古羅馬風化史》（均為遼教社二〇〇〇年十月版），到《中國人留學日本百年史》（上、下卷，遼教社一九九七年九月版，僅印一千套），到「新世紀萬有文庫」，究竟買了多少種，連我自己都忘記了。記得有一種《萬象譯事》（第一卷），裝幀品質頗典雅，很有張愛玲範兒。從內容上看，應該是翻譯文叢類的MOOK，譯者有殷海光、資中筠、董樂山、施康強等，均為譯界大腕。可只出了一輯，便迄無下文了。想來那會兒的出版家們，諸如此類的爛尾事業，可也真沒少練。

時光倏忽，一晃小二十年過去了。過去因工作的關係，隔三差五飛來飛去，直飛到令人反胃的外埠城市，如今都成了漸行漸遠、溫暖醇美的回憶。正如我已不復是昨日之我，那些城市的變貌也早已溢出了我的想像。好也好，壞也好，這就是現實，只能接受。但唯一恆久不變、甘美如初的，是關於「書天堂」的記憶。它們在我心中早已深度定格，是代表那個城市的Logo。當然，還有我已逝的青春。

跋

散步，是為了邂逅

在我看來，世上的城市分兩種，一類適合散步，一類不適合。我居住的城市帝都，明顯屬於後者。人到中年，愛上散步，可北京卻基本無處可散，於是，這步就散出了國門。

當然，我之愛往東京跑，倒也不單是為了散步，那些預謀中的目標之地和隨機的斬獲——美術館、文學館、文豪故居和新舊書店，每每令我流連忘返，計畫中的散步路線圖屢遭改寫。但，這不是問題。人，跟著腳走；腳，跟著感覺走。日出而行，日沒而酌，隨遇而安，不亦樂乎——人在東京的散步，幾乎是純感官性的。

海明威在談到戰後初期的巴黎時，曾深情地說：「如果你有幸年輕時在巴黎生活過，那麼無論你今後一生中去到哪裡，它都與你同在，因為巴黎是一席流動的盛宴。」而對我說來，二十世紀九〇年代以降的東京，亦不失為類似的存在。

若單純從購書觀展的實用角度出發，在亞馬遜商業模式已無遠弗屆，包括VR在內的資訊化模擬手段甚至對性產業都構成巨大衝擊的今天，按說實體書店和美術館庶幾已無存在之必要。可事實卻剛好相反，書店和美術館的存在感不僅未消失，反而在增殖。我曾經在一個書業同人的平台上，大膽放言：今天的蔦屋（TSUTAYA）書店，包括不久前開始販賣圖書的 MUJI 模式，實際上是創意產業對流行文化的重新整合，代表了一種全新的、低碳而文藝的生活方式，具有文化範式的意義和很強的可持續性。

就書店而言，它早已不復是單純的物理性卷冊交易的書肆，而成了一種多功能複合性的文化空間。這種文化空間的有無和多寡，與那個城市的舒適宜居程度、有沒有文化，是密切相關的。有一家基督教背景的書店連鎖，叫「Oasis」，在東京、橫濱、京都、神戶等大城市的核心區有很多店鋪。書店本身的「高大上」倒在其次，我是很喜歡它的店名——Oasis。在我看來，書店之於鋼混建築密林的現代都市，確如沙漠中的綠洲（Oasis）。有它和沒它，城市的生態迥異，不在話下。對一般市民來說，城裡有多少間米其林餐廳，關係並不大。可在你居住的尋常巷陌，有沒有那間每週泡三次以上的站前書店、深夜食堂或漫畫咖啡，則至關重要。

上個世紀末，日本曾出版過兩種重要 MOOK，都是當時所謂「世紀回眸」文化思潮的產物：一是與義大利 DeAGOSTINI 社同步出版的百年電影史視覺製 *The Movie* 的日文版，二是講談社回顧二十世紀歷史的《日錄20世紀》。二者均為編年體，從一九〇〇至一九九九年，一年一冊，每週末發行，以類似「全球史」的廣域視角，復現了那一年西方、日本和中國的歷史，包括電影史。我那時已然意識到書太多，有限的生命將被書頁埋沒的現實，購書已開始節制，但這兩種 MOOK 卻志在必收。當時我住的公寓位於東京都板橋區，都營三田線一個叫志村三丁目的車站，站前有一爿小書店，我是常客。記得當時還是六天工作制，每逢週六，我即使在外面喝酒，也會掐好時間，在晚上九點之前趕回志村三丁目車站，因為要去書店買這兩種 MOOK。礙於預算和存儲空間，*The Movie* 我大約只買了五十冊，但涵蓋了我認為最重要的從四〇年代到八〇年代的電影史。而《日錄20世紀》我則從第一期起，買到最後一期，外加一百冊主系列之後，追加出版的副系列《日錄20世紀 ・Special Issue》二十冊，也一併拿下。有時我到東京以外的地方出差，無法按時購買，便會給老闆打個電話，讓他幫我預留，待回東京後再去取。為了便於收納、翻閱，我還特意購買了十只特製資料夾，按每個年代十冊的順序裝訂好，永久保存。這套 MOOK 作為編年史，兼具思想性、傳媒性和視覺性，是一套不可多得的二十世紀史，至今愛讀不已。

前日本筆會會長、劇作家井上廈說：「一個文化人，一生中總會有那麼幾家常打交道的書店，並承蒙它們的關照。」這話不錯，也道出了一個事實：神保町的每家書肆，背後都有一群文人在支撐，其中頗不乏三島由紀夫、立花隆這樣的大作家、名記者。曾幾何時，就讀於聖心女子大學英文科的美智子皇后，在做畢業論文時，曾到神保町著名的文學系書店玉英堂淘書，查資料，後以首席的成績畢業。司馬遼太郎生前，雖住在關西大阪，但每當準備寫新書，需要某一方面的資料時，神保町的文華堂等歷史系舊書店會馬上動起來，連夜翻撿庫存，篩出來的書裝滿小卡車，由店員駕駛，送貨上門。待作家挑選一過後，再把剩下的書拉回店裡。讀日本作家隨筆，諸如此類的八卦過眼多多，不勝枚舉。

在書業和內容產業空前嚴峻的競爭之下，日本書店孕育出複雜多元的生態，很大程度上超越了圖書交易的範疇，日益演變成一種公共文化空間，成為人們自由交流、思考、創意和休閒的場所。就書店的形態而言，除了通常意義上的新舊書店外，還有各種經營模式，如移動書店（BOOK TRUCK）。在東京都內的代官山、惠比壽等繁街鬧市或大森海濱、高尾山等首都圈近郊，有時能見到由小型房車改造的「書車」：拆除座位，四周的空間全部預裝書架，書架上插滿了書。後車門一打開，摺疊式台階架在轎廂底部，房車瞬間變身成一爿袖珍書店。少則三、四百，多則五、六百種，多帶有主題性。如古董、咖啡、漫畫，或根據環境，今天去海邊開店，便載滿與海有關的書；明兒去山口的話，則換成登山本。店主坐在摺疊椅上，邊練攤兒，邊看漫畫，有的還提供咖啡服務。

如架空書店。在東京西郊荻窪等地的一些 Live House 裡，與特定的音樂小組和演出相配合，常有一些圖書即賣會活動，題材多與音樂有關，如爵士、藍調等。這些書店並無法定位址的店鋪，網上也查不到庫存，但卻是固定的書店，有自己的看板（如「章魚文庫」等），銷售有帶有自己 Logo 的書袋、革書皮和手機套等精品文具。雖「無形」，但其實每天都在不同的音樂酒吧裡開業，在社交媒體和主頁上定期更新營業活動的廣告。作為依賴 Live House 生存的「寄生」書店，有自己特定的讀者群和粉絲。且由於粉絲的趣味小眾而同構，反而多鐵粉，不易流失。

如無人書店。從中央線三鷹站北口出來，在徒步十三分鐘的商店街深處，有一家叫「BOOK ROAD」的舊書店，店面很小，但二十四小時營業，年中無休。店主是一位上班族，愛書店卻無暇照應。於是，開了一間自助式書店，從收款到包裝，全部機械化自助服務。據說，深夜是銷售高峰。當然，也不乏把店鋪當成變相的休息室，甚至留宿處的書客。

說到留宿，東京還真有可住宿的書店：位於西池袋的「BOOK AND BED TOKYO」，其實是一家膠囊旅館。委託一間著名文化書店精選的三千二百冊圖書，充斥在從公共大廳到洗手間的各個空間，連天花板都以書籍裝飾。店內有威士卡等酒精飲品販賣，書客們可邊自酌，邊讀書。讀累了，鑽進膠囊——書客變宿客。膠囊裡的橘黃色LED照明是專為閱讀設計，溫暖而舒適。但那兒的書，只借不買，確切地說，是一間圖書館式膠囊旅館。

面對如此多元到「變態」的書店生態，書客們的要求自然不復拘泥於淘書本身，也呈現出一種複合型需求形態。因此，獨立書店提供的紙書皮、免費索取的書店內刊（Free Paper）、書店定製的文具和精品萌飾，以及書店舉辦的各種以圖書為主題的作家講座、對談、簽售等活動，自然也成了書客們淘書之餘的「獵物」。

不過，東京的書店畢竟太多了，僅新書店就有近一千五百家！除了在生活中常打交道的書店，大多數書店，哪怕對書客來說，也是一種「邂逅」的關係。而至於說能否邂逅，何時邂逅和邂逅的次數，恐怕是一個機緣問題。但社會有足夠多的文化資訊，各種關於書店的書，書店散步的MOOK、雜誌，電車廣告，多到無處不在的程度。一些著名的獨立書店，其實在你走進它的大門之前，就已經被「掃」進大腦，作為記憶體存儲起來了。有一天，當你在某個街角散步，不經意間偶然發現一個似曾相識的看板，腦中的記憶體瞬間被啟動，那間書店就像老朋友似的，一見如故，熟稔而無須過程。而這，也是我對東京書店的個人化感受：

書店一直在那兒，作為書客，無須焦慮，也基本無須做功課，權且任性地散步就是。總有一天，你會連結到它，那就是你們的邂逅。而我在書中寫了，邂逅書店，就像在美術館裡約會似的，是一樁相當感官性的、很妙的勾當。對有的人來說，甚至意味著某種人生重啟，也未可知。

言重了，趕緊打住。

劉檸

二〇一七年七月十三日

於京城望京西園

遠景叢書 159

東京文藝散策（增訂版）

作者 劉檸
創辦人 沈登恩
總編輯 葉麗晴
主編 李偉涵
封面設計 黃鈺菁
美術排版 黃鈺菁
校對 謝佳容

出版 遠景出版事業有限公司
發行 晴光文化出版有限公司
地址 新北市板橋區松柏街65號5樓
網址 www.vistaread.com
電話 (02) 2254-5460
傳真 (02) 2254-2136
法律顧問 世紀聯合法律事務所尤英夫律師

初版 二〇一八年一月
書碼 978-957-39-1047-3
定價 新臺幣三五〇元

行政院新聞局登記證局版臺業字第 0105 號

國家圖書館出版品預行編目資料

東京文藝散策 / 劉檸著 . -- 初版 . -- 新北市 : 遠景出版 : 晴光文化發行, 2018.01 面 ; 公分 . --
(遠景叢書 ; 159)

ISBN 978-957-39-1047-3(平裝)

1. 旅遊文學 2. 日本東京都

731.72609 106023885

VISTA
PUBLISHING

VISTA
PUBLISHING

VISTA
PUBLISHING

VISTA
PUBLISHING